eビジネス新書

No.353

週刊東洋経済

変わり始めた銀行

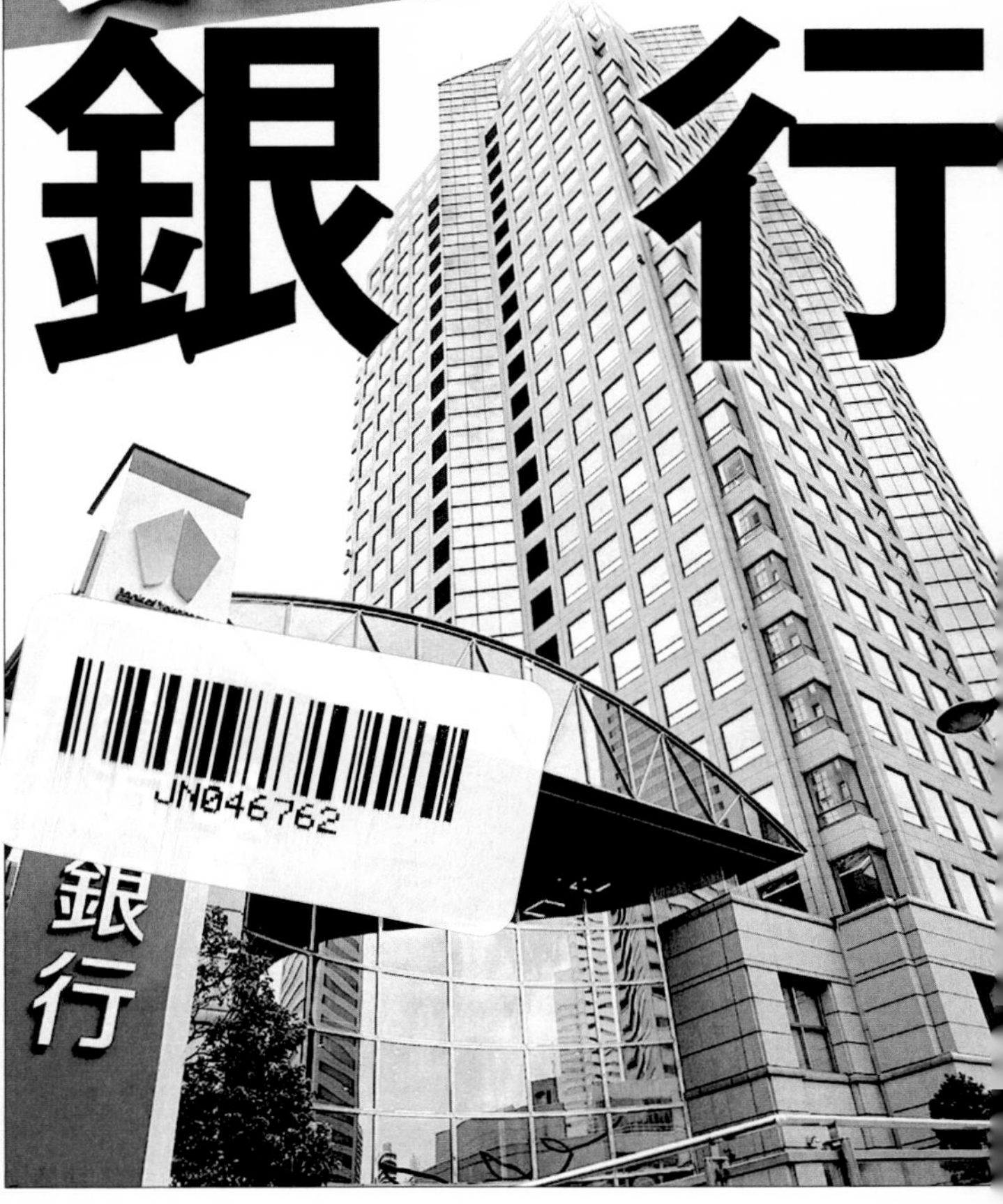

週刊東洋経済 eビジネス新書　No.353

変わり始めた銀行

本書は、東洋経済新報社刊『週刊東洋経済』2020年7月11日号より抜粋、加筆修正のうえ制作しています。情報は底本編集当時のものです。このため、その後の経済や社会への影響は反映されていません。

（標準読了時間　90分）

変わり始めた銀行　目次

プロローグ

銀行の企業救済でくすぶる時限爆弾

「50万円でいいから貸してもらえないでしょうか。このままでは潰れてしまいます。とにかく助けてください」

2020年5月上旬、東日本のある大手地方銀行の支店に設けられた「新型コロナ対応融資相談窓口」では、支店近くの駅前で小さなスナックを経営しているという40代の男性が懇願していた。話を聞けば、緊急事態宣言で営業できない一方、家賃と人件費は発生し、手元の運転資金があっという間に底を突いてしまったという。

男性が普段使っている金融機関は地元の信用金庫。それに対してこの日訪れた地銀は、全国でも十指に入る大手のため、店舗の前を通り過ぎるくらいだった。しかし今回ばかりは、なりふり構わずあらゆる金融機関を訪れ、可能な限りの融資を申し込んでいたのだ。

対応した職員は真剣な表情で耳を傾けてくれた。そのうえで、「生活資金は貸せませんが、事業資金なら融資できます。書類も準備できるだけで結構です。ただ実態を見たいので、店に一緒に行ってもいいですか」と告げたという。「地元の〝大銀行様〟だから、てっきり門前払いかと思いきや、真摯に、そして迅速に対応してくれた」と、男性は顔をほころばせた。

新型コロナウイルス感染拡大に伴う緊急事態宣言により、経済活動がストップ。飲食店をはじめ、十分な運転資金を確保していない事業者たちは苦しい立場に追い込まれ、金策に走った。

国は資金繰り支援策を打ち出したが、資金を手にするまでには時間を要し間に合わない。そんな事業者たちが頼ったのが銀行だった。

雨の日でも傘を貸す

「晴れになったら傘を貸し、雨が降ったら取り上げる」

業況がいいときには喜んで融資をするのに、業況が悪化した途端に融資を引き揚げようとする。そんな銀行の姿勢を揶揄した言葉だ。だが、未曾有の危機に直面した今回、銀行は初めて「雨の日」でも傘を貸した。

信用金庫はもちろん、地銀からメガバンクに至るまで、一丸となって融資要請に応え、貸出残高は急拡大した。大企業から殺到しているコミットメントライン（融資枠）の設定要請にも応じている。また、99・8％という高比率で中小企業からの融資条件の変更にも応じる。ここまでの徹底はこれまでの銀行にはなかった。まさに地殻変動が起きているのだ。

条件変更の申し込みもほぼ断らない

	申し込み（件）	実行（A）	謝絶（B）	審査中	取り下げ	実行率 A／(A+B)
主要行	11,815	4,344	18	7,161	292	99.6%
地域銀行	63,850	37,237	67	25,593	953	99.8%
その他銀行	239	107	0	128	4	100.0%
合計	75,904	41,688	85	32,882	1,249	99.8%

（注）2020年4月末時点
（出所）金融庁「貸付条件の変更等の状況について」（債務者が中小企業者である場合）

政府の要請もあり、オールジャパン態勢で企業の資金繰りを支えたことでコロナ大恐慌という最悪の事態は当面避けられそうだ。この応急措置で企業や経済が再生すれば問題はない。しかし再生しなければ融資が不良債権化し、銀行は大きなリスクを背負うことになる。今後、多額の融資が「時限爆弾」として銀行の経営を脅かす。

本誌では、新型コロナをきっかけとした銀行の変貌を追うとともに、ウィズコロナ、アフターコロナの銀行経営について見ていくことにする。

（田島靖久）

資金繰り支援に積極的 ―銀行・信金の貸出残高推移―

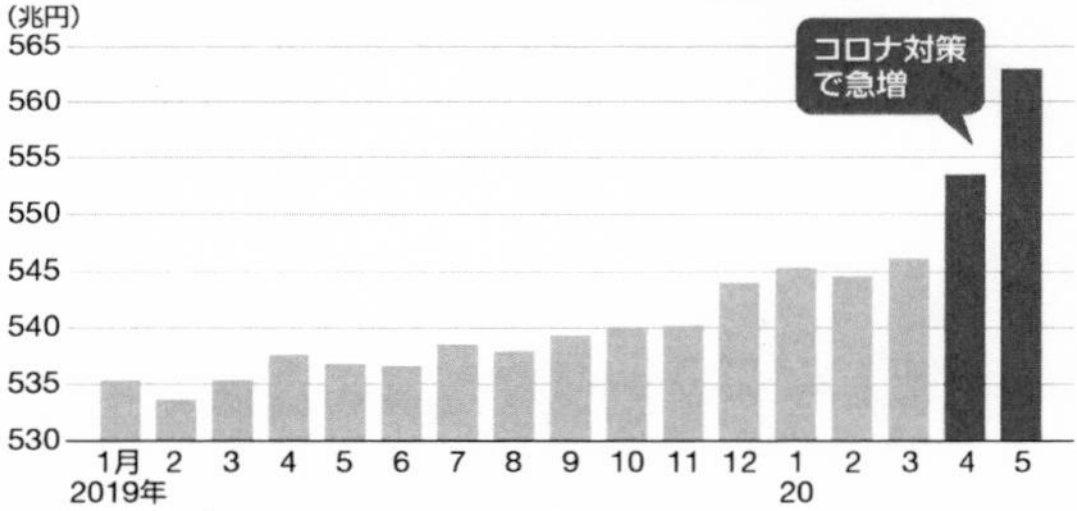

(出所)日本銀行「貸出・預金動向」

大企業からも融資要請殺到 ―コミットメントライン契約状況―

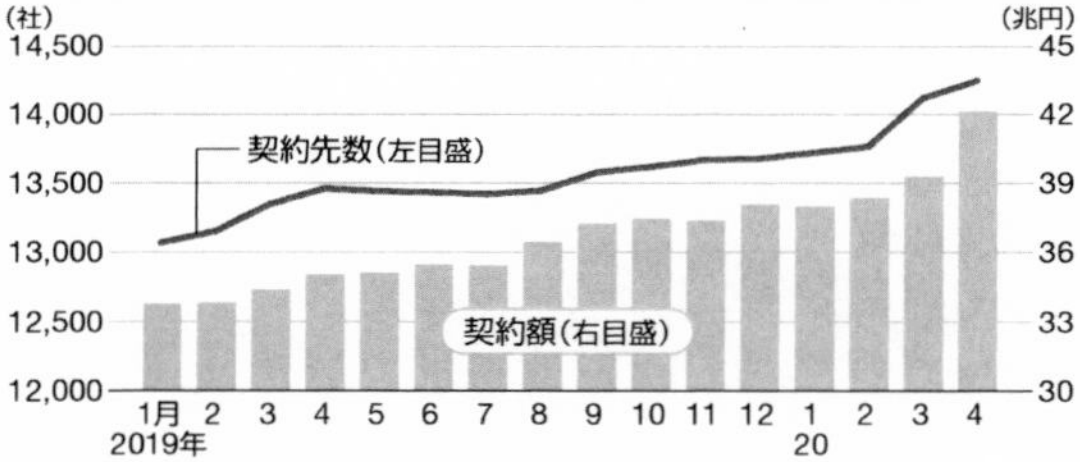

(注)月末の契約額および契約先社数
(出所)日本銀行「コミットメントライン契約額、利用額」

初めて傘貸す銀行の本気

「今は耐える時期です。一緒に耐えましょう」。西日本に本店を構える地方銀行の幹部は、緊急事態宣言の発出後、取引先にそう伝えた。

外出の自粛によって人と物の動きが止まり、企業にとっては需要と供給が同時に急減するという異常事態に陥った。リーマンショックをはじめ、いくつもの危機を経験したこの幹部にとっても、コロナ禍は「顧客への打撃が大きく、過去経験したことのないレベルのもの」だった。

貸さないという選択をすれば、企業が倒産してしまう。そうなれば景気はさらに低迷し、コロナ後の回復も遠のく。そのため行内では、融資や貸し出し条件の変更を迅速かつ積極的に行った。「基本的にすべての顧客を支えろ!」との大号令がかかっていた。

融資現場の営業マンも「銀行員になってこれほどやりがいを感じたのは初めて」と、資金繰り支援に奔走。「どの銀行も貸すか貸さないかという視点よりも、企業支援を優先している」と語った。

銀行に〝地殻変動〟

銀行の積極的な支援が功を奏し、足元では企業倒産の連鎖は回避できている。渋谷で飲食店を営む経営者は、「自分の周りで融資が受けられなかったという話は聞いたことがない」と驚くほどだ。

金融発の経済危機だったリーマンショックとは異なり、銀行はあまりダメージを受けていないことに加え、長年続いてきた金融緩和のおかげで銀行側もカネ余りの状態で支援がしやすい。

全国の銀行と信用金庫の貸出残高は、20年4月の平均残高で553兆4863億円と、20年ぶりに過去最高を更新。5月はそれをさらに上回る562兆5464億円となり、前年同月比の伸び率も過去最大を記録している。

貸し出し条件の変更や返済猶予についてもほとんど断っていない。ごくわずかに断っているのは、「変更の必要のない優良な顧客」（地銀幹部）くらいだ。

もちろん、コロナ禍において金融庁は銀行に資金繰り支援を要請している。その代わりに、政府も総額約１２兆円という予算を設定し、銀行がきちんと融資できるよう背後で支えている。

■ コロナ禍における金融機関・政府の対応

2月〜	国内で新型コロナウイルスの感染が拡大
2〜3月	民間銀行が新型コロナ特別融資枠や特別ファンドなど、プロパー融資枠を設定
3月6日	金融庁が民間銀行に対し、返済猶予などの条件変更に柔軟に対応するように要請
3月17日	日本政策金融公庫が実質無利子無担保の「新型コロナウイルス感染症特別貸付」を開始
4月7日	緊急事態宣言
5月初旬	民間銀行での実質無利子無担保融資がスタート
5月27日	政府の第2次補正予算で企業の資金繰り対策に約12兆円を計上

→ 今後は銀行がリスクを取るプロパー融資が拡大へ?

そうした背景があったとしても、企業の危機に対し、銀行がこれほどまでに手を差し伸べるのは今回が初めてだ。

過去を振り返ると、銀行はつねに監督省庁である金融庁の顔色をうかがいながらビジネスを進めてきた。

それが今回、金融庁が要請する前から、「審査なしで3カ月の元金据え置き、期限延長に応じた。その間にビジネスを立て直せるかじっくり議論していく」（地銀行員）、「銀行側のサイトやSNSで顧客情報を発信したり、売り上げが縮小した飲食店を地銀の行員が自ら利用したりして、少しでも資金繰りを支える」（別の地銀行員）など、自ら進んで支援に取り組んでいる。

京都では業態をまたいだ連携もあった。4月3日に京都府と地元の地銀、信金、信用保証協会が「京都金融支援ネットワークチーム」を創設した。融資の取り組みについて情報共有するほか、人手が足りない信用保証協会に金融機関から人員を派遣するといった施策も行っている。

地銀のこうした動きを、金融庁の遠藤俊英長官は、「これまでのような横並び意識ではなく、銀行自らができることを考えて動いている」と評価する。

変わったといえば、銀行が「裏方」に回ったのも珍しいことだ。緊急事態宣言の直後、日本政策金融公庫（日本公庫）の実質無利子無担保融資を裏で支えていたのだ。

3月中旬に取り扱いが始まった時点で、無利子の融資はこの制度しかなかったこともあるが、銀行は、「顧客から相談があった際、まず日本公庫を紹介した」（大手地銀営業担当）。

そのため、日本公庫の窓口はパンク。外出自粛中にもかかわらず、店舗には開店前から長蛇の列ができた。日本公庫の職員は「手持ちの案件は平時の5～6倍で、ほとんどが新規の顧客。さばける量ではなかった」と振り返る。

一刻も早く手元資金が欲しい事業者にとって、融資の遅れは命取り。そんな事態を避けようと銀行側は、日本公庫の審査を待つ間の「つなぎ融資」や日本公庫に提出する書類の不備をなくすなどして裏側で顧客を支えた。

無利子融資のからくり

5月に入ってから、銀行は相次いで実質的な「無利子無担保融資」を始めた。「条件に合う企業には、無利子でどんどん出せ」。あるメガバンクの支店ではこんな指示が飛んでいた。この支店に限らず、多くの銀行で無利子無担保融資が資金繰り支援の柱となっていった。

5月末時点で無利子無担保融資の融資決定は6万8000件、金額は1兆3600億円に上る。申し込みは14万件以上あり、今後も伸び続けることが予想される。

銀行が通常行う「プロパー融資」の場合、顧客には利子負担が発生、銀行にとっては利子が儲けの源泉となる。一方、今回始まった無利子無担保融資には顧客の利子負担がない。銀行が顧客のメリットを考え、採算度外視で企業を支えているような印象を受けるが、無利子無担保融資は銀行側にも大きなメリットがある。それは政府の手厚い支援策で実現している制度だからだ。

民間の銀行が行う無利子無担保融資では、信用保証協会の「セーフティネット貸付」を活用している。リーマンショックや東日本大震災の際にも用いられた制度で、万が一返済が滞った場合は、信用保証協会が100％借金を肩代わりする。これは「マルホ付き融資」と呼ばれ、銀行は貸し倒れのリスクを負うことなく、融資を実行できるわけだ。

メリットはそれだけにとどまらない。顧客から見れば実質無利子でも、銀行には金利収入が発生する。政府がコロナ禍の経済対策の一環として、都道府県などの制度を通じ、利子補給をする形式を取っているのだ。その利子の水準はマイナス金利以降、下がりに下がったプロパー融資の金利水準よりも高い。地銀の財務担当者は「長年の課題だった利ザヤの縮小から解放されるかもしれない」と口をそろえる。

貸し倒れもなく、高い金利収入が見込め、貸出残高も伸ばすことができる。銀行かすれば、「一粒で3度おいしい」商品となっているのだ。

そのため銀行は、民間無利子融資を優先している。「企業との関係をつくるためにはプロパー融資こそ重要」としている銀行もあるが、少数派だ。

「自らリスクを取るとなると、審査は一気に厳しくなり融資が出せないこともある。緊急的な資金繰り支援には向いていない」（地銀行員）といった言い訳も聞かれるが、リスクを取りたくないのが本音だろう。

中にはプロパー融資を出さないどころか、「既存のプロパー融資を民間無利子の制度に乗り換えた」（企業経営者）という例まである。

ただ、過剰なマルホ付き融資は金融庁も問題視しており、明らかにマルホ付き融資に偏っている場合には検査に入ることも検討しているという。

■ リスクなく利ザヤを稼げる無利子無担保融資
—プロパー融資と無利子無担保融資の違い—

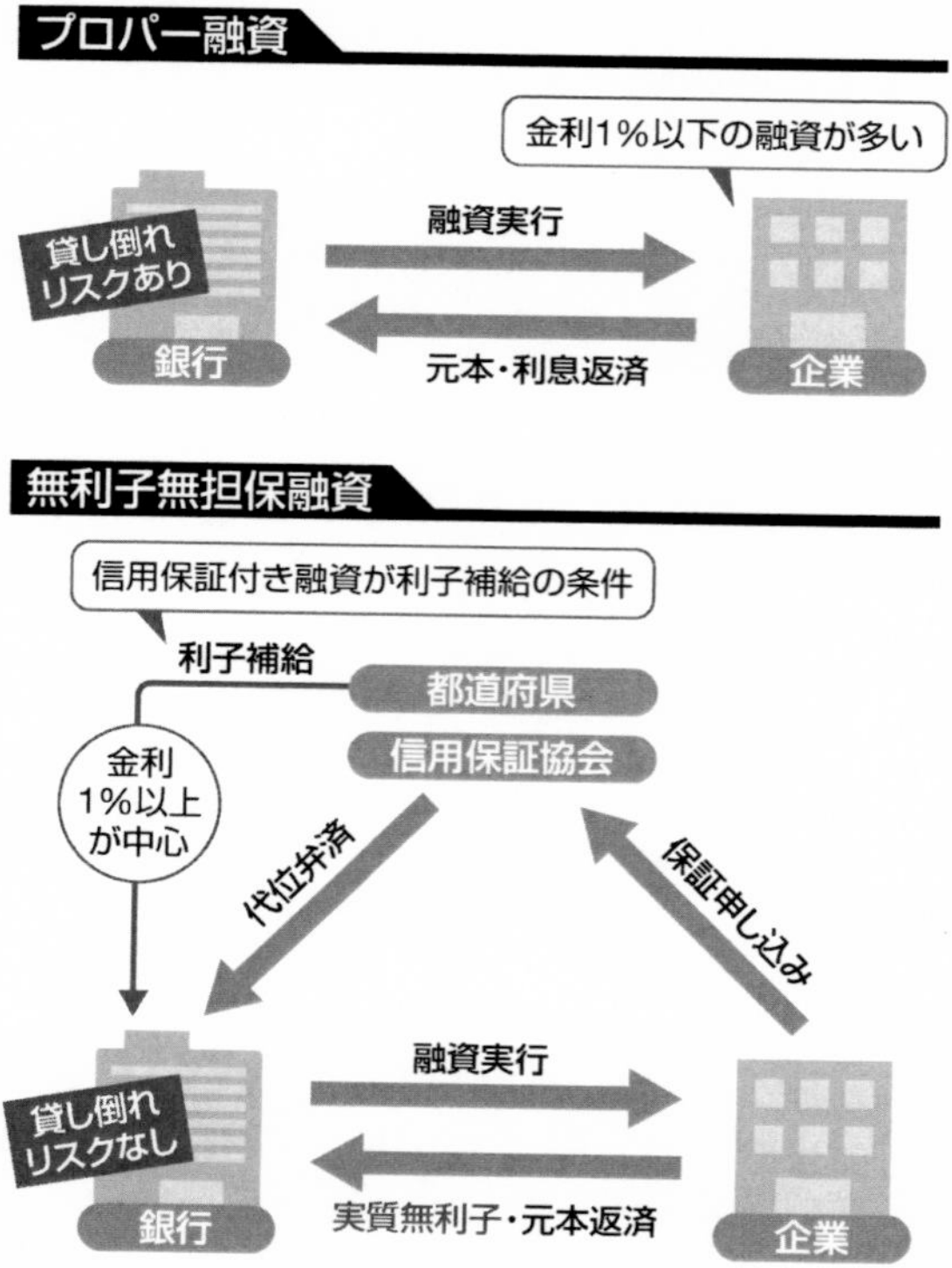

本気度が試される

銀行の本当の実力が試されるのはここからだ。

緊急事態宣言は解除されたが、新型コロナウイルスの感染者数が再び増えつつある。今後、感染の第2波、第3波が到来し深刻化すれば、経済が元の水準に戻るまでの時間が延び、長期戦を強いられる。足元の資金の手当てが済んだ企業も、業況が改善しなければ追加の資金が必要になるだろう。

日本公庫の実質無利子融資や、マルホ付き融資は政府の予算によって支えられているが、政府が今後も今のような規模の予算を組める保証はない。それぞれの融資にも融資限度額があり、2度目、3度目の〝おかわり〟ができない企業も出てくる。

そうなれば、銀行も自らリスクを取り、プロパー融資を拡大するほかない。

自らリスクを取るということは、当然、企業の選別も必要になってくる。今後は単純に融資を続ける、やめるという判断だけでなく、その企業をどう立て直すのか、顧客とともに考えるコンサルティング力も必要になってくる。

さらには、運転資金だけでなく、資本性資金を必要とする企業も出てくることになる。地銀の営業マンは「中小企業を中心として、正念場はこれからだ」と気を引き締める。

傘を貸し始めた銀行はどこまで企業を支えられるのか。その本気度が問われる局面が到来しようとしている。

（藤原宏成）

融資合戦の陰で進む「メインバンク」争奪戦

「新型コロナはメインバンク獲得のチャンスかもしれない」。関東で法人営業を担当する地方銀行の行員はそう意気込んでいた。

企業が資金繰りに苦しんだとき、真っ先に相談するのはメインバンクだ。しかし今回のコロナ禍においてメガバンクと地銀・信用金庫とで顧客対応の差が歴然としていた。ある中小企業経営者は「メガバンクよりも、地銀や信金のほうが積極的に相談に応じてくれた」と話す。

地銀や信金は、緊急事態宣言が発出されて以降、自ら顧客に電話をかけて資金繰りを把握し、必要な場合は融資の提案をしていた。地元経済が弱まれば自分たちの経営基盤も危うくなる。メガバンクと比べて地元企業の資金繰りへの関心は強く、それが対応の差となって表れた。

地銀をメインバンクとしている企業の割合は年々高まっている。帝国データバンクの「メインバンク動向調査」を見ると、地銀のシェアが初めて4割を超える一方、メガバンク（都市銀行）は、2割弱で年々数字を落としている。

それが地元であればなおさらだ。県別シェアでは、神奈川県の1位は横浜銀行（20・63％）、千葉県1位は千葉銀行（39・99％）、埼玉県1位は埼玉りそな銀行（27・07％）となっている。

ただ顧客の中身は違う。メガバンクが融資している顧客は、地銀から見れば、財務的に安定した企業が多い。

そうした優良な企業でも、経済活動が止まれば足元の資金繰りに困ることはある。「そんな顧客に対して新規に融資したり、融資を増やしたりすることで関係を強化し、今後の取引拡大につなげたい」（前出の地銀行員）というのが地銀側の狙いだ。

地銀が攻勢に出られるのは、コロナ禍を機に自身の強みをアピールできるようになったから。それは大きく2つある。

1つ目は対応の早さ。危機的局面では、地域と密接に結び付いた地銀や信金のほうが対応は早い。

2つ目はコンサルティング力。数年ごとに各地を転々とするメガバンクの営業マンに比べると、地元で経験を積んだ地銀や信金の営業マンは、地域の特性を理解し、回復への道筋を描きやすい。今、企業が銀行に求めているのはこうした役割だ。

地銀はさらに顧客サービスに磨きをかける。顧客企業へのＩＴ導入支援や人材紹介業務といった顧客の課題解決につながるサービスを拡充している。域内外の地銀同士で連携し、ノウハウを共有したり、Ｍ＆Ａや事業承継の相手を探したりといった動きもある。

地銀とメガの利害一致

これに対し、メガバンクの行員は、「自粛期間中に積極的な営業をするのはいかがなものか」と冷ややかだった。顧客の中心が大企業であることもあり「自分が見ている顧客の中には本当の意味で資金繰りに困っているところは見受けられない」と、静観しているケースも多い。そこに地銀が入り込む隙が生まれている。

ただ、多数の地銀が資金需要のある地域への越境融資に乗り出し、中小企業を中心に融資合戦が激化している。それに伴い収益性が下がっているうえ、貸し倒れのリスクも高い。メガバンクとしては、面倒なうえにうまみが少ない中小企業のメインバンクの座はむしろ重荷。そういう意味では、その座を奪いたい地銀とは利害が一致する。

メガバンクをメインとしている中小企業の経営者にその理由を聞くと、「とくにない」という返事だった。近年は景気がよかったこともあり、どの金融機関も融資には積極的だった。そのため「どこがメインでも大きな差はない」と考えていたそうだ。

しかし、今回の新型コロナのような状況が訪れれば話は別だ。企業はいざというときに傘を貸してくれる銀行を欲する。コロナ禍を機に、薄れてきた企業のメインバンクに対する意識も再び高まっている。

（藤原宏成）

資本性ローン提供に加え、商社の役割も……

地元企業を支える地銀の覚悟

2020年6月初旬、横浜銀行の営業担当者は、ある自動車関連メーカーの社長と面談していた。年商20億円規模の企業で財務体質も健全、横浜銀行がメインバンクを務め、長年運転資金を貸していた融資先だ。

だが、このメーカーもご多分に漏れずコロナ禍の影響を受けていた。発注がなくなり、一部の工場を停止せざるをえなくなったのだ。数年分の運転資金を確保しており、すぐに破綻するような状況ではなかったが、社長は「当面は乗り切れるが、長期化すると不安だよね」と漏らしたという。

この言葉を聞いた担当者は、すぐさま「ビジネスエクイティーローンという商品がありますす」と提案。劣後ローンと呼ばれるもので、返済順位が通常の融資と比べて劣るため、資本に近い性格を持つローンだ。

条件は無担保・無保証で最長15年元本返済なし。さらに期日一括返済のため、長期間にわたり返済の必要がない。また、金利設定も業績連動型で、赤字の場合には利子負担が大幅に軽減される。

コロナ禍によって一時的な赤字に陥り、自己資本が毀損した場合の手当てとしてはまさにうってつけの設計だ。メーカーの社長は「これは助かる」と2億円分契約したという。

当面の資金繰りにメドがついても、自己資本が毀損してしまっては再建を果たせない。そのため、政府は第2次補正予算で、日本政策投資銀行を通じた劣後ローンによる資本支援策を盛り込んだ。

だが、地方銀行がこうした取り組みをするのは極めて珍しい。

「アフターコロナになっても、すぐに需要が戻ってくるわけではない。そういうときこそ、われわれ銀行が活躍する場面だと思っている」と横浜銀行の大矢恭好頭取は語る。

〝脱銀行〟で事業支援

一方、地域企業の事業を支援しているのが、山口フィナンシャルグループ（ＦＧ）だ。

日本酒やブランド牛のハンバーグなど、サイト上にはおいしそうな商品が並ぶ。まるで大手通販サイトのようだが、これは山口ＦＧが設立した「地域商社やまぐち」が運営するサイトだ。

山口ＦＧは２０１７年１０月、県産品を首都圏などに売り込もうと、商品開発から販売まで一貫して手がける地域商社を設立した。そして地元企業と共同開発した商品をサイト上で販売している。

山口ＦＧの吉村猛会長は、設立のきっかけについて、「少子高齢化やマイナス金利といった環境下において、銀行ビジネスだけでは限界がある。そこで地元企業を支援し、地域を創生するビジネスを柱にしようと考えた」と語る。

そのため山口ＦＧは、地元企業にさまざまなツールを提供しようと、コンサルティングや中小企業支援、人材紹介といった子会社を次々に立ち上げた。

コロナ禍を受けてこうした子会社を総動員。前述のサイトを50社350商品まで拡充したり、飲食店のテイクアウト用サイトを立ち上げたりといった支援を積極化させている。

地銀などは、財務の健全性を維持するとともに、貸し手として優越的な地位になることを防ぐため、事業会社に対する出資比率は5~15%までと規制されている。しかし金融庁は、コロナ禍で打撃を受けている地方の中小企業には、「返済が必要な融資より資本参加が必要」とし、期限を設けたうえでその規制を緩和する方針だ。

企業が本格的な再建を果たすためには、資金繰りだけでなく資本と事業両面での支援も不可欠。出資も含めて地銀がどこまで支えるのか、覚悟が問われている。

（田島靖久）

INTERVIEW

「疑似資本」のローンで復活を促す

横浜銀行頭取・大矢恭好

飲食業はもちろん、神奈川県には箱根のような観光・宿泊業の町も多く、資金繰りへの影響が大きかった。そのため、これまで取引のない企業からのニーズも多く、スピード優先で対応に当たっている。「皆さんの力になれる活躍の場を与えられてうれしい」と行員たちの士気も高まっている。

ただ資金繰り支援はほんの第一歩にすぎない。大事なのはそれからで、顧客、そして地域経済が復活できるようにしなければならない。それが地方銀行の役割だからだ。

新型コロナウイルスによって経済社会は大きく変わる。そうした中、ＩＴ的な支援や、ビジネスモデルの相談をはじめコンサルティング業務などを強化し、皆さんのお手伝いをしたいと考えている。

需要もすぐには戻ってこず、その過程で企業の自己資本が毀損し、一時的に債務超過に陥るケースも起こりうるだろう。

これまでも、劣後ローンをはじめとする資本性ローンは提供してきたが、その返済期間を10年から15年に延ばすなど使いやすくしている。こうしたローンを「疑似資本」的に使ってもらえば、資金繰りが安定するだけでなく、対外的な信用補完にもなり、事業の安定化につながる。その間に事業を立て直し、体力をつけて復活していただければと思う。

ある程度、不良債権が出ることも覚悟しているが、何としても地域経済と雇用は守らなければならない。だから、その前の段階でさまざまなアドバイスをさせていただき、最悪の事態を避けてほしいと願っている。

（構成・田島靖久）

大矢恭好（おおや・やすよし）
1962年生まれ。85年一橋大学商学部卒業後、横浜銀行入行。2018年から現職。持ち株会社社長も兼務。

「地域価値向上会社」を目指す

山口フィナンシャルグループ会長・吉村　猛

コロナ対応の融資は傘下の3銀行（山口、もみじ、北九州）を合わせて、2020年5月末時点で約3000件、1500億円程度だ。6月以降も勢いは衰えていない。今後は資本性資金も必要になると考え、態勢を整えている。

それ以外にも、子会社のメディアを活用したEC（ネット通販）サイトでの商品販売やクラウドファンディング、飲食店応援のためのテイクアウト情報の提供などを顧客に活用してもらっている。いずれもこれまで少しずつ取り組んできたことだが、コロナの局面でそれが生きている。感染の第2波、第3波と影響が続くようであれば、システム費用をかけて拡大することも考えている。

地元の経済基盤を活性化しないことには、地方銀行は生きていけない。だから地域活性化には50人以上の人員を配置している。

今は地方銀行が地方創生を担っている形だが、理想型は地域でビジネスをしている会社が傘下に銀行を持つ状態だ。われわれはそれを「地域価値向上会社」と言っている。

足元は、破綻が相次ぐことを防ぐため、全能力を企業のために発揮すべき時期だ。コロナ収束後に企業をどう回復させていくかが重要で、事業性評価をさらに強化してリスクの顕在化を防ぐ。コンサルティング機能も強化し、アフターフォローをしながら企業を成長軌道に乗せていく。

地域商社、人材紹介、ＩＴなど企業の成長につながるような子会社群をつくってきた。金融以外の分野も含めて、われわれが培ってきたノウハウを企業に試してもらって、頑張っていただきたい。

（構成・藤原宏成）

吉村　猛（よしむら・たけし）

１９６０年生まれ。８３年東京大学経済学部卒業、山口銀行入行。１６年山口ＦＧ社長。２０年６月より現職。

信金・信組の飽くなき挑戦

「資金繰りはどうなっている?」。東京・目黒区の老舗中華料理店「香港園」に第一勧業信用組合（本店・新宿区）の新田信行会長（当時理事長）がやってきたのは3月末のことだった。差し入れのお菓子とマスク、見舞金1万円を王孝安社長に手渡し、こう告げた。「資金は第一勧信が何とかする。心配なことは何でも相談して」。

売り上げの7割を夜の宴会が占める香港園は、3〜4月に入っていた歓送迎会や謝恩会の予約は軒並みキャンセルとなり、資金繰りが一気に苦しくなった。そして4月7日には緊急事態宣言が発出され、やむなく休業するに至った。売り上げがゼロになる一方、人件費や賃料といった固定費の流出が続いた。「店を畳もうかと何度も考えた。でも、何十年も働いてくれている従業員を見捨てるわけにはいかないし、第一勧信さんが全力で応援してくれたので、どうにか踏みとどまれた」（王社長）。

営業を再開した5月28日の夜、新田会長や目黒支店の職員ら十数人が店を訪れ、祝杯を挙げた。「銀行にはない温かみが、第一勧信にはある」。王社長はそう語る。

株式会社として株主の利益を念頭に置く銀行と違い、地域の中小・零細企業支援を使命とする信用組合や信用金庫が、コロナ禍でその存在感を示している。


「新田会長自ら来店し、せんべいやマスク、見舞金を置いていってくれた」。台東区・浅草の創業140年の料亭「一直」店主で、料亭や芸者が加入する東京浅草組合の組合長を務める江原正剛氏も第一勧信の気配りを振り返る。3月末から4月末にかけて店は営業を自粛。店舗継続の見通しが立たないとき、新田会長が言った「浅草の料亭は一つも潰さない。芸者衆も全員守る」という言葉が大きな心の支えになったという。

水商売の個人事業主ということで銀行が融資を渋る芸者やホステスを対象に低利で貸し出す「芸者さんローン」は第一勧信ならではの商品だ。4月中旬、浅草組合事務所に集まった十数人の芸者衆に、東浅草支店長が商品の説明をした。50万～

100万円と決して高額ではないが、コロナ禍で料亭が休業し収入が途絶えてしまった芸者衆には干天の慈雨となった。芸者ローンを申し込んだ芸者9年目の千華さんは「私たち芸者は金融機関からはお金を借りられないのだと思い込んでいた。とても助かった」と安堵の表情を浮かべた。

利益より地域経済や文化を守ることに力を注ぐ第一勧信だが、融資が焦げ付くリスクとどう向き合っているのか。新田氏はこう語った。「協同組合である第一勧信にとって、お客さんはｙｏｕ（あなた）ではなくｗｅ（私たち）。彼らを助けなければ、僕らが倒れてしまう」。

商談会で企業つなぐ

か細い金属音が空に響く東京・大田区池上。小さな町工場が数多くある街の一角に、金属加工部品を手がける富士測範がある。「受注の見込みがなくてどうしようかと思っていたところへ、一筋の光明が差した」。篠原啓志社長は、流れを変えた商談会をそう表現した。

コロナ禍で売り上げが減少した町工場の新規受注を後押ししようと城南信用金庫（本店・品川区）が4月7日に開催。大田区や品川区の小さな町工場が、東証1部上場で配管の簡易接続器具を手がける日東工器と商談をしたのだ。「日東工器さんのような大企業が相手では受注は難しいのでは」と踏んでいた篠原社長だったが、日東工器から示された図面を見てひざを打った。「うちが得意とする技術だ」。商談は成立した。

日東工器で技術面の統括をする千葉隆志執行役員は、「富士測範さんは複雑な加工をこなせる優れた技術を持っている」と取引を決めた理由を説明する。両社を結び付けたのは、大田区や品川区の数千軒もの町工場と何十年にもわたって付き合ってきた城南信金のネットワークがなせる業だった。

もともと「コロナ禍で苦しんでいる大田区の町工場の助けになりたい。商談会ができないだろうか」と提案したのは日東工器の小形明誠社長だった。だが、いつ倒れるともわからない零細工場を抱き込むような話に銀行は反応を見せない。唯一、「それはいい考えだ。うちならできる」と返事をしたのが城南信金の吉原毅名誉顧問だった。

小形社長と旧知の仲の吉原氏は「信用金庫は損得よりも地縁や人の縁を重んじるコミュニティーバンク。コロナ禍で苦しんでいる町工場にはうちのお客さんも多い。彼らを助ける仕組みをつくることは、城南信金が大事にしてきた理念にかなう」と提案に乗った理由を語る。

城南信金は本店こそ品川区にあるが、支店は町工場が集中する大田区に最多の15店舗を構える。川本恭治理事長の指示の下、大田区と品川区の全支店から取引のある町工場に一斉に募集をかけた。十数社が手を挙げ、最終的に富士測範を含む4社1大学が日東工器と商談する機会を得た。川本理事長は「狙いは当たった。またやりたい」と手応えを感じている。

城南信金は目下、地元の飲食店などの本業支援にも力を注ぐ。全国に255ある信金のうち250が加盟するプラットフォーム「よい仕事おこしネットワーク」は、6月1日からサイト上に「お取り寄せガイド」を新設した。各地域の事業者が商品を掲載し、注文を受け付けられる。サイト作成や運用の諸費用はいずれもネットワーク事務局の城南信金が担う。

川本理事長は「私たちは体調を崩した方々の相談に乗る町医者のような存在。融資はするが、それは〝ばんそうこう〟を貼るようなもので、お客さんが本当に望んでいるのは事業の回復だ。回復のために何ができるのか、ともに考え、できる支援をしていく」と語る。

7月には新型コロナウイルス対策・相談本部を置き、商談会第2弾を実施する予定だ。

（野中大樹）

「11兆円を超える融資に着手　経費率下げ収益を確保する」

三菱ＵＦＪ銀行頭取　全国銀行協会会長・三毛兼承

企業の資金繰りに傘を貸す銀行。その一方で、銀行自身もコロナと共に生きる道を模索しなければならない。ウィズ・コロナ時代の銀行の針路について、全国銀行協会の会長でもある、三菱ＵＦＪ銀行の三毛兼承頭取に聞いた。

銀行は役割を果たしている

――新型コロナウイルス対応はどの程度進んでいますか。

銀行全体の貸出残高は２０２０年5月末時点で５３１兆円（前年同期比６・４％増）

と、全国銀行協会が公表を始めて以来、最大の伸びを記録した。

5月から始まった民間の無利子無担保融資も、1カ月で14万件の申し込みがあり、すでに6・8万件、1・36兆円の融資を決定している。銀行はしっかりと役割を果たしていると考えている。

三菱UFJに対する相談件数は国内で約1・6万件。海外も含めた相談金額は約22兆円に上る。そのうち、融資やコミットメントラインの設定に至ったものが11・5兆円程度だ。三菱UFJの融資総額は100兆円を超える規模まで膨らんでいるが、この3カ月の間に実行した融資はその約1割に相当するものだ。われわれの資産規模からいっても、かなりの額だと考えている。

サービスを提供し続けるために、本部から1000人単位の人員を融資の現場に配置し、交代勤務の態勢も整えている。

――4月ごろには、審査に時間がかかり、融資が遅れるといった声が聞かれました。

融資実行のスピードは上がっている。中には2~3日で実行しているケースもある。

信用保証協会付きの融資についても、首都圏でチャットを用いた手続きを試行しており、平均すると5日程度早くなったとみている。

――融資速度を上げることで、審査が甘くなるリスクも指摘されています。

コロナの影響で資金繰りに困っている場合には極力応じているが、中にはコロナと関係なく立ち行かない会社もある。誰彼構わず融資をしているわけではなく、しっかりと判断しながらやっている。

既存顧客については普段から接点があり、資金が必要になった背景の理解が進んでいるため迅速な対応が可能だ。

新規の顧客については、これまで本部で対応していたものを、全国42拠点に配置した専用窓口での対応とし、融資速度を上げている。

――過去の危機局面と比較して、与信費用が不足しているのではないかという声があります。

2019年度の決算でコロナ関連の引当金を500億円、20年度も追加的に2000億円、合わせて2500億円を計上する。これは米国の主要銀行と比較しても大きな差はない。

リーマンショックのときは、財務データに偏った「モデル審査」で失敗した。現在の不動産や海外金融機関に対する貸し出しは、当時と大きく違う。経済が悪化しても、われわれのポートフォリオへの影響は大きくないとみている。

――コロナ禍が長引けば、企業の財務が毀損し、資本性資金の需要も出てきます。

現状、大企業はすでに今後1年程度の資金の手当ては済んでいる。感染の第2波、第3波が来れば資本性資金が必要になる可能性はあるだろうが、現時点でそうした相談はほとんどない。

銀行は、お金を預かって貸し付けを行う金融仲介が中核事業。（リスクの高い）資本性資金を出すことは本来の業務ではない。

政府が第2次補正予算で、政府系金融機関を中心とした12兆円の資本性資金提供の枠組みをつくってくれたが、民間としては心強い。

資本性資金は政府系金融機関が提供し、一方で民間金融機関は主たる役割である融資を行っていく。これによって企業のニーズに応えるという方向感だ。

――民間でできることは民間でやるべきとの声もあります。

成長産業への出資や、事業承継で資本を組み替える際の出資などは民間金融機関が行っている。ただ今回のような企業救済のための出資は、従来の出資とは異なる。

企業再建のために資本を拠出するケースもあるが、それは本当にケース・バイ・ケース。経済全体を資本拠出によって再生するのは、民間金融機関の役割ではない。

効率性向上がカギ

――19年度はアジアの子銀行の減損で厳しい決算でした。今後どう反転させていくのでしょうか。

金融機関は、信頼されていても財務体質が弱ければ役に立たない。経費率が低ければそれだけ収益が上がりやすくなり、資本蓄積に使うことができるため、今後はさらに経費率を低下させていく。

ポストコロナの重点戦略は、国内のリテール領域、グローバル戦略の再構築、そして基盤プロセス改革の3点だ。

リテールでは、よく店舗数の話が出てくるが、数ではなく何を提供するかが重要だ。コロナによって非対面、非接触が重要になってきているのでデジタルシフトを加速する。旧来の個別訪問方式ではなく、デジタル化によって一人ひとりとの接点を多くし、必要なときに銀行を利用してもらう。

グローバル戦略については、取引先の戦略変更に応じて、展開する地域や重点の置き方を見直す必要性が出てくる。

一部出資や子会社化した銀行があるタイ、インドネシア、フィリピン、ベトナムの4カ国の重要性は変わらないとみているが、次に備えた取り組みを進める。その1つが東南アジアで配車アプリ事業を展開する「Ｇｒａｂ」への出資と提携だ。新しい金融サービスで日本企業の成長を支えていく。

基盤プロセス改革は「ペーパーレス」「印鑑レス」だ。これは銀行の責任においてやっていく。

――コロナ禍で経営が傾く金融機関も出てくる可能性があります。買収の可能性はあるのでしょうか。

19年に資産運用分野で、オーストラリアの企業を買収した。この分野ではもともと1兆円程度の買収を想定していたが、現時点でそこまで使っていない。計画から時間が経っているため、見直しもありうるが、まったく考えないというわけではない。

（聞き手・田島靖久、藤原宏成）

三毛兼承（みけ・かねつぐ）
1956年生まれ。79年、慶応大学経済学部卒業、三菱銀行入行。国際部門担当の副頭取などを経て、2018年頭取就任。19年4月から持ち株会社社長に。20年4月、持ち株会社副会長、全国銀行協会会長に就任。

増殖する新型「ヤミ金」偽装ファクタリング

「また来た」。都内で工事会社を営む男性は、事務所の受信中のファクスをのぞき込みながら、「広告が毎日のように送られてくる」と、ため息をついた。

送り主はファクタリング（売掛金の買い取り）業者。「銀行で融資を断られた方におすすめ」「赤字決算、税金滞納でも大丈夫」。そんな甘い文句の後「最短1日で1000万円まで資金調達可能です」と誘導する。

今、資金繰りに苦しむ中小・零細企業の経営者の間で、「偽装ファクタリング」の被害が多発している。冒頭の男性も以前は銀行の融資を受けていたが、2008年のリーマンショック時に返済を焦げ付かせてしまい、以来、資金調達をファクタリング業者に頼らざるをえなくなった。

ファクタリング自体は古くからある合法的な取引で、通常は3者間で行われる。

例えば企業Aが企業Bに商品を販売し、売掛金（売掛債権）が発生したとする。資金繰りに苦しむ企業Aはすぐに現金を手に入れたいので、売掛金をファクタリング業者に売却し、1～2％の手数料を引いた現金を業者から受け取る。その際、ファクタリング業者は企業Aの売掛先である企業Bにも通知し、同意を得るのが原則だ。「企業Aから売掛債権を買い取りました。売掛金はこちらに支払ってください」と、内容証明郵便で送る。その後、通知を受けた企業Bはファクタリング業者に売掛金の代金を払い、取引は完了する。企業Aは新たな借り入れをせず、スピーディーに資金調達ができる。

その反面、売掛金の売却が企業Bに知られてしまうため信用を失うリスクも付きまとう。「今後も企業Aと取引を続けて大丈夫だろうか」という疑念を抱かせてしまう可能性があるのだ。

3者間ファクタリングのデメリットを補う手法として台頭したのが「ヤミ金融が紛れ込んでいる」とされる2者間ファクタリングだ。

企業Aがファクタリング業者に企業Bへの売掛金を売却するところまでは同じだが、ファクタリング業者は企業Bに債権買い取りを通知しない。その代わり企業Aと債権回収の業務委託契約を結び、企業Bから債権を回収する義務を企業Aに負わせる。企業Bが売掛金の代金を支払い、そのお金をファクタリング業者に引き渡せば取引が完了する。この手法ならば企業Aは売掛金の売却を企業Bに知られることなく資金調達ができる。

3者間と2者間の違いは手数料。3者間の手数料がおおむね1～2％であるのに対し、2者間の相場は20％程度だ。注目すべきは、2者間の構図が売掛金を担保とした「売掛金担保融資」とほぼ同じだということ。手数料20％を1カ月ほどの金利と考えれば年利240％という法外な数字になる。だが「貸金ではなく債権の売買」という建前であるため、法規制には引っかからない。

■ 悪徳業者は「2者間ファクタリング」

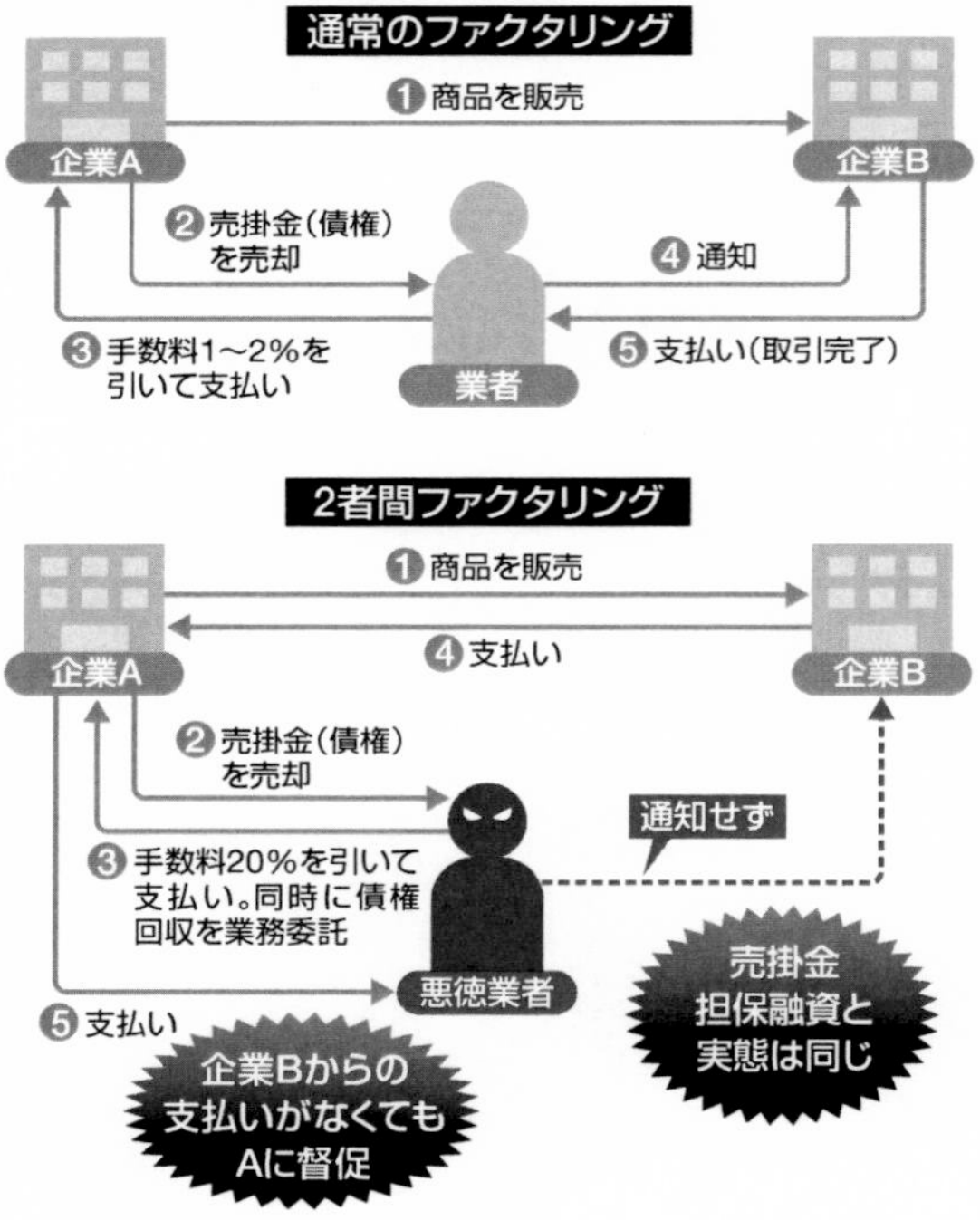
通常のファクタリング
①商品を販売
企業A
企業B
②売掛金(債権)を売却
④通知
③手数料1～2%を引いて支払い
⑤支払い(取引完了)
業者
2者間ファクタリング
①商品を販売
④支払い
企業A
企業B
②売掛金(債権)を売却
通知せず
③手数料20%を引いて支払い。同時に債権回収を業務委託
悪徳業者
⑤支払い
売掛金担保融資と実態は同じ
企業Bからの支払いがなくてもAに督促

法の網の目をくぐり

多重債務が社会問題化したことで、暴利をむさぼるヤミ金業者の撲滅を目指して2006年に貸金業法が改正された。上限金利は年率15～20％に抑えられ、年収の3分の1までという総量規制もついた。全国事業者金融協会の高木秀男副会長によれば「年利15％ではなかなか利益が出せない。法改正後、貸金業者の多くが廃業した」という。

そんな中、「債権売買の形を取れば堂々とヤミ金融ができる」と考える者たちが出現した。その代表格が2者間ファクタリング業者だ。債権売買の契約書を盾に「貸金ではない」と主張し、貸金業法や利息制限法の適用を免れてきた。

手口も巧妙だ。2者間ファクタリング業者に売掛金を売却していた冒頭の男性社長は、あるとき、売掛先企業の不調で売掛金が予定日までに入ってこないことがわかったため、業者に「期日までの引き渡しが難しいかもしれない」と伝えた。すると「もし引き渡しが滞るのであれば売掛先企業に債権譲渡通知書を送る」と言われた。

通知されると売掛債権の売却が知られてしまう。男性社長は自ら業者に払う資金を集めざるをえなくなった。それでも期日までの引き渡しは難しいと伝えると「御社が過去、売掛債権を売った取引先企業すべてに債権譲渡通知書を送りますから」と畳みかけられた。

悪徳業者とわかっていながら、資金需要者が2者間ファクタリング業者を頼るのは、売掛先企業すなわち大事な取引先に債権売却の事実を知られたくないからだ。男性社長は「そんなことをされたら弊社と取引してくれる企業はなくなる」と青ざめ、別の2者間ファクタリング業者を利用して現金を確保するという悪循環に陥った。

2者間ファクタリングのすべてが悪徳業者によるものとは限らないが、まっとうな業者と悪徳業者の違いは、「償還請求権の行使」の有無にある。まっとうな業者は売掛先企業が倒産すれば損失は自分たちで負う。一方、悪徳業者は売掛先企業が倒産すると資金需要者に対し「企業Bの代わりに払え」と迫る。これが償還請求権の行使で、男性社長への「売掛先企業に知られたくなかったら払え」といった脅しは、これに等しい。

ただ償還請求権の行使を公言する業者は少ない。悪徳業者も表向きは「行使しない」とうたっているのが現状だ。男性社長を巧みに脅した業者も、ホームページ上では「行使しない」としている。本誌が事実関係を問い合わせると「（男性社長に）そういったことを言った事実はない」と回答した。

高木氏によると、現在、貸金業者が全国に約100社あるのに対し、偽装ファクタリング業者は200〜400社ほどあるという。「偽装ファクタリングが、中小企業の資金調達の主役に躍り出ている」（高木氏）状態なのだ。

東京弁護士会は5月13日、「貸金業法の登録を受けずに、業としてこのような資金融通サービスを行っている場合には貸金業法違反であり、またその手数料が年利換算で出資法違反の高金利となる場合には出資法違反となる」と注意を促す意見書を出した。

だが、名乗りを上げる「被害者」は少ない。東京情報大学の堂下浩教授は「ヤミ金融とわかっていながら資金調達の手段として利用せざるをえない中小・零細企業の経営者が多い。問題が表面化しにくい構図になっている」と指摘する。匿名で取材に応じた2者間ファクタリング業者は「われわれは、正規の金融機関の融資を受けられない中小・零細企業の資金繰りを助けてきた」と、現実にある資金需要に応えていると強調した。

とはいえトラブルが増えているのは事実。それを未然に防ぐためにも国会などで法規制を議論する必要があるだろう。

(野中大樹)

問われるメガ銀行の手腕

「不良債権処理を進めた時代に大口融資先の整理や企業再建に携わった経験のある行員をかき集めろ」

三井住友銀行は、新型コロナウイルス感染拡大に伴う緊急事態宣言が発出される中、行内でそう号令をかけた。

1990年代、バブル崩壊が日本経済を直撃。不良債権が膨らんで金融システム不安に発展し、「失われた20年」に突入した。

その過程で銀行が支えられなくなったダイエーやカネボウ、大京といった大企業が相次いで破綻した。産業再生機構が設立され、その支援の下で企業再建を進めた歴史がある。しかしそれから20年以上が経過、不良債権処理などを経験した行員の多くはすでに銀行を去っている。にもかかわらず、改めてその頃を知る人材を集めろと言っているのだ。

その理由について、三井住友の関係者は、「多くの企業は国を挙げての資金繰り支援で一息ついているかのように見える。しかし需要はコロナ前の水準までは戻らず、今後も苦しい状況が続くと予想されるため」と指摘する。

そのうえで、「コロナ前から問題を抱えていた企業も少なくなく、コロナ禍の長期化で持ちこたえられなくなる企業が増えてくる。その結果、大口融資先問題が再来するのではないかと危機感を抱いている」（メガバンク幹部）というのだ。

三井住友は、経験者を集めたうえで企業再生チームを設置。今のうちから知識やノウハウを共有し、来るべき日に備えている。

日産を押し付け合う2行

事実、水面下では大口融資先問題がくすぶり始めている。

20年5月28日、日産自動車の内田誠社長は決算発表会見で、「未使用のコミットメントライン（融資枠）1・3兆円に加え、新型コロナウイルス対応のために4月から5月にかけて7126億円の資金調達を実行した」とし、「危機に対応するのに十分な資金を保有している」と胸を張った。

しかしこの会見を受けて、ある金融関係者は、「よく『実行した』と言い切れたものだ」と指摘する。というのもこの時点で、三菱UFJ銀行がその融資規模に難色を示しており、実際には実行されていなかったからだ。

関係者によれば、日産は当初、メガバンク3行と政策投資銀行（政投銀）に対し均等に、各2000億～3000億円の融資を要請していた。そもそも日産は芙容グループに属し、みずほ銀行がメインバンクだったにもかかわらずだ。

通常ならばまずメインバンクに泣きつくもの。ところが三菱UFJも、「ゴーン元会長と日産の信用力を頼りに貸し込んでいた」（三菱UFJ関係者）。両行の融資額はほぼ一緒の並行メイン状態になっており、そのため日産は均等に要請してきたというわけだ。

「身から出たさび」（金融関係者）とはいえ、三菱ＵＦＪの不満は収まらない。確かに銀行の介入を嫌ったゴーン元会長が資本調達を多角化させ、どこがメインバンクかわからない状態になっていた。しかし三菱ＵＦＪからすれば、「それでもメインはみずほ。みずほが支えるべき」との意識が強い。

しかも日産は、ゴーンショックの混乱が長引く中で、稼ぎ頭だった米国事業が不振に陥っているほか、過剰供給体制を解消できていないなど、構造的な問題も抱える。

にもかかわらず、「ゴーン体制以降、銀行への情報開示に消極的だったこともあり、銀行は日産の現状や内部事情を正確に把握できていない」（メガバンク関係者）といい、さらに「貸し倒れリスクが高い」（同）とみられている。

そうしたさなかにコロナ禍が直撃。ダメージは大きく、日産は「融資を引き揚げたい企業」（同）へと変貌、三菱ＵＦＪは難色を示していたというわけだ。

その後、両行が押し付け合った結果、１カ月後の６月末になって合計６７００億円を支援することで話し合いが付き、みずほが３５００億円、三菱ＵＦＪが１２００億円負担することになった。

とはいえ、今回はあくまでもつなぎ融資。決算発表時に発表された構造改革計画について「甘すぎる」との声も少なくない。メガバンク幹部は、「構造改革の結果が出なければ、いつまた追加融資の要請が来るかわからない。そのときにどのような対応を取るべきか、シミュレーションが始まっている」と明かす。

コロナショックのインパクトはすさまじく、手元流動性を高めようと名だたる大手企業も一斉に金策に走った。

東京商工リサーチのまとめによると、6月8日までに新型コロナ対応を目的とした資金調達を実施、公表した上場企業は171社で、総額9兆6758億円に上る。最高額はトヨタ自動車の1兆2500億円。新型コロナの「長期化リスクを見据えた資金計画や市場動向を勘案」し、複数の金融機関から借り入れを実施。返済期限は1年程度としている。

前述の日産をはじめ、1000億円以上調達した企業は26社。銀行からの借り入れはもちろん、コマーシャルペーパーやコミットメントラインの確保など調達手法はさまざまだ。

もちろんコミットメントラインを設定しただけで、実際には融資を受けていない企業もあれば、資金繰り不安を打ち消す信用補完のためだけに借りて、使わず返済するケースもある。

だが、新型コロナの影響がいつまで続くのかは不透明。緊急事態宣言が解除されたとはいえ、今後、第2波、第3波がやってこないとはいい切れない。「今後の業績が読み切れない。調達した資金で間に合えばいいが……」（ある企業の社長）というのが実情だ。

■日産は7000億円以上を借り入れ―資金調達額上位企業―

会社名	調達額	主な資金調達方法
トヨタ自動車	1兆2500億円	銀行借り入れ
ANAホールディングス	9500億円	銀行借り入れ＋コミットメントライン
日産自動車	7126億円	銀行借り入れ
JFEホールディングス	7000億円	コミットメントライン
日本製鉄	6000億円	コミットメントライン
リクルートホールディングス	3999億円	コミットメントライン
マツダ	3000億円	銀行借り入れ
コニカミノルタ	2850億円	銀行借り入れ＋コミットメントライン
JR西日本	2300億円	CP＋コミットメントライン
日本ペイントホールディングス	2300億円	銀行借り入れ＋コミットメントライン

(注)6月8日時点。CPはコマーシャルペーパーの略　(出所)東京商工リサーチ

ANA再編案も浮上

そうした中、トヨタに次ぐ9500億円の資金調達をしたANAホールディングスも、厳しい状況に追い込まれている。

世界的な航空旅客需要の低下により、すでにヴァージン・オーストラリアやアビアンカ航空が経営破綻。さらに、世界的大手では初めて、タイ国際航空が会社更生手続きの申請を行うことが決まった。

そうした中、ANAは2020年3月期、通期ベースでかろうじて営業黒字を確保したものの、第4四半期だけで見ると過去最悪の数字で、赤字に転落している。

メガバンク関係者は、「エアラインは、人件費や機材関連費といった固定費が大きく、損益分岐点が高い。当面の資金繰りは手当てできたようだが、コロナの影響が長期化すれば、収入減と重たい固定費のダブルパンチで手元資金が枯渇しかねない」と指摘する。

そのためANAは、水面下で政府保証付きのコミットメントラインを要請。政投銀に1兆円、民間銀行に3000億円の融資枠を求めたとされる。しかし、政府がまとめた緊急経済対策で政府保証は見送られ、政投銀による融資上限なしの「危機対応融資」を活用して、資金繰りを支援することになった。

だが、単なる資金支援だけでは、コロナ禍を乗り切れないのではないかとメガバンク幹部は語る。「再編も含む、根本的な構造改革が必要だ」というのだ。

この幹部は、「まだ具体的な話はない」と前置きしたうえで、「苦しいのはJAL（日本航空）も同じで、2社を統合させるしかない。ナショナルフラッグキャリアは1社というのが世界的な常識だから、国内線は2社のまま維持するとして、国際線を統合させるのが現実的な再建策だ」と語る。

ANAの片野坂真哉社長は、あくまでも独立路線を貫くと強調、万が一統合するにしても、「統合する側に立つ」としている。

航空業界は少なくとも2023年ごろまではコロナ前の水準には戻らないとの見方が広がっている。「だからこそ早めに構造改革を進めるべきで、依頼があればわれわれが持つ人材とノウハウを提供する」とメガバンク関係者は訴える。

「不良債権時代と違って、銀行自身の財務基盤は強固で経営不安はない。失われた20年にならないよう、蓄積したノウハウを活用して企業再建を積極的に支援していきたい」（メガバンク幹部）

コロナ禍の長期化は必至の情勢で、大口融資先問題は日産やＡＮＡだけでなく、至る所でくすぶり始めている。今こそ、メガバンクの手腕が問われている。

（田島靖久）

進む銀行のデジタルシフト

店舗の「3密」――。緊急事態宣言後、銀行が直面した想定外の課題だった。銀行がコロナ禍でも店舗を開けていたのは、資金繰り支援のような急を要する相談に対応するためだった。しかし実際には外出自粛で時間のできた顧客が「不急」の要件で殺到してしまった。

まさに、銀行のデジタル化の遅れを改めて浮き彫りにした出来事だった。取引のデジタル化が十分に進んでいれば店舗の3密を避けることができ、本当に必要な業務に専念できただろう。

そもそも業務のデジタル化について、銀行はこれまで「顧客ニーズに合わせて進めなければならない」(三菱UFJ銀行幹部)と、急速に進展させることをためらっていた。

しかしその状況は一変、顧客側から銀行のデジタル取引を求める動きが強まっている。

三菱ＵＦＪ銀行では、１年前は全体の１２・６％にすぎなかったスマートフォンを通じた口座開設が、２０年５月には２５・７％まで増加した。アプリからのカード再発行の手続きに至っては、全体受付数の１６・８％から４４・１％にまで上昇している。法人向けでも、中小企業向けオンライン融資サービス「BizLENDING」を通じた融資申込件数が、コロナ前と比較して約3倍に増加した。

ただ、冒頭のように窓口に顧客が殺到するのは、手形決済や税金納付など紙での対応が必要な業務があるから。一部の手続きにはまだ印鑑が必要というものもある。各銀行は業務の見直しを行ってさらなるデジタル化を進める。

店舗では相談業務に特化

デジタル化と同時に進めているのが店舗改革だ。キーワードは「機能特化型店舗」。現在店舗で行われている振り込みなどの手続きをデジタル取引に移行させ、店舗では対面でしか対応できない業務に重点を置くというものだ。

店舗の削減で先行している三井住友銀行は、22年度までに現在の438店のうち、300店を個人向けコンサルティングに特化した「軽量店舗」に移行。従来型の店舗は、全体の4分の1にする。

三井住友フィナンシャルグループの太田純社長は、「コロナ禍で新しく見えた不必要な業務もある」と、さらなる改革に意欲を見せる。店舗についても、追加的な削減に向かう可能性がありそうだ。

三菱UFJは店舗の追加削減を発表し、約500店の35%を減らす計画を40%減にした。同時に「MUFG NEXT」など機能特化型店舗の拡大幅を70~100店から、130~140店とした。

みずほ銀行も個人向けに特化した店舗を100店に増やすと発表した。店舗は計画どおり24年度までに130店削減する。さらに20年度には全店にタブレット端末を配置。振り込みなどの手続きはもちろん、端末を用いたリモートの面談サービスも拡充する。

コロナ禍が示したもう1つの課題は、現金による感染リスク。これを防ぐため現金使用を減らし、デジタルマネー使用や電子決済を加速する動きが世界中で広がっている。日本でも6月3日にデジタル通貨に関する協議会が発足した。3メガバンクのほか、日本銀行や金融庁もオブザーバーとして参加する。

現金を使わない社会が実現すれば銀行も大きく変わる。多大なコスト要因となっているATMを減らし、現金を保管する重たい金庫も縮小できる。店舗はますます相談業務に特化することになるだろう。顧客と銀行の接し方も変わってくるはずだ。

（藤原宏成）

「企業再生」成功への道筋

フロンティア・マネジメント代表　松岡真宏

ホテルやレストランの閉鎖など、新型コロナウイルスの感染拡大で、消費者向けサービス業の経営悪化や破綻が伝えられている。今後、その悪影響は全産業にも波及していくだろう。それは個人零細企業だけでなく、中規模企業や大企業にも及ぶ。

そうなると「企業救済」という話が出るようになる。政治的には個人零細企業の救済のほうが重要になってくるが、マクロ経済的に考えると、多くの従業員を抱え、仕入れ、販売なども多岐にわたる大・中規模企業の救済・再生のほうが不可欠な政策となる。

ニューマネーが不可欠

大・中規模企業の再生にとって重要な要素は、「ニューマネー」と呼ばれる真水が投じられるかどうかだ。筆者は2003年に設立された官製ファンド・産業再生機構に在籍し、ダイエーやカネボウを担当した。

その際に示した事業再建案は、とくに奇手奇策があったわけでもなく、当事者や金融機関が作成していた再建案と相似形だった。決定的な差は、ニューマネー投入を前提とした再生計画を作成したことにある。

追い詰められた企業とその金融機関は、ニューマネーを使った大胆な事業再構築が困難で、これが企業の復活を遅らせた。逆にいえば、ニューマネーの有無こそが企業再生の成否を決定づける。

コロナ対策としてのニューマネー投入については、政府も積極的に方針を打ち出しており、政府出資による企業救済が再びクローズアップされている。

ここでは既存の政府系金融機関ではなく、機構方式での政府出資について、産業再生機構での経験も踏まえて説明していきたい。

政府出資による企業救済に対する世論は、時代によって大きく変化してきた。不良債権一掃のために産業再生機構が設立された当時、日経平均株価は1万円を下回り、世界の投資家は日本を見限っていた。しかし当時は、民業圧迫との批判がメディアの論点となり、ある大臣は「民間でできることは民間で」と繰り返しコメントしていた。

筆者もダイエーやカネボウの再生計画を作成する際、民業圧迫にならないよう、つねに考えていた。保有株式についても機構内では短期間での売却を議論していた。

2008年にリーマンショックが発生し、資金の担い手がいなくなると、民業圧迫批判は聞かれなくなり、反対に多くの「○○機構」が設立された。出資対象は海外のベンチャー企業から日本文化推進のための合弁企業、農業活性化企業など百花繚乱。「機構資本主義」とも呼ぶべき時代が到来した。

しかしそうした官製ファンドが結果を出せていないことがわかると批判が噴出。農林漁業成長産業化支援機構（A－FIVE）や海外需要開拓支援機構（クールジャパン機構）などがその代表例だ。

だが、今回のコロナ禍による景気悪化で、またもや官製ファンドに期待が集まっている。20年の後半以降、官製ファンドによる政府出資に拍車がかかるだろう。

そんなときだからこそ政府出資の役割を改めて確認する必要がある。投資を実効的なものにしつつ、中長期的に見て民業圧迫にならないような設計、運用が不可欠だ。

そもそも産業は変化しており、進化や再編がつねに起きている。ただそれは資本家や経営者の苦悩の結果であり、政府出資がそれを妨げてはならない。また、民間の金融機能（＝投資ファンド）の収益機会も圧迫してはならない。

産業再生機構設立時と現在との大きな違いは、民間の企業再生機能の台頭とその厚みにある。

2003年当時、国内投資ファンドは勃興期で、巨大再生案件は外資ファンドに牛耳られていた。また、企業再生に強いコンサルティング会社や法律事務所、会計事務所も今よりはるかに小さな規模だった。

産業再生機構の機能を大ざっぱに分けると、①対象企業の再生計画の作成、②債権者の利害調整、③出資実行、④出資後の対象会社の利益改善、⑤出資した株式の売却、となる。当時はこうした機能を担える国内の組織はなかったが、今は1000億円以上の資金を運用するファンドも出現し、産業再生機構に近い役割を担えるようになった。また、再生に強いコンサルティング会社も数多く育ち、そのうち数社は上場している。

人材も豊富だ。産業再生機構では、100件以上の資産査定（デューデリジェンス：DD）を行い、41件に投資した。このDDには中小規模の企業でも10人以上のスタッフ（外部の弁護士、会計士、コンサルタントを含む）が必要で、大型案件になると100人以上が関わる。株式や債権の売却時も、買い手側も含め多くのスタッフが参画している。産業再生機構が活動した4年半の間に、DDや株式・債権の売買に関わった人数は、延べ数千人に達する。その多くが現在、民間に在籍しているのだ。

早期の民間売却が理想

もはや純粋に官製ファンドにしかできないことは極めて少ない。しかし、官製ファンドにしか提供できないものもある。「低利のリスクマネー」だ。通常リスクマネーは高いリターンを要求するが、政府だけが低利のリスクマネーを供給できる。リスクマネーが市場に供給されないとき、最後の出し手として政府の出資が奏功する。

だから政府出資は、民間プレーヤーがリスクを取れない時期など、特殊な局面に限定するのが望ましい。また、政府出資を実行する前に、同等以上の条件での出資意思を持った民間プレーヤーがいないか確認するべきだろう。

政府出資用に行ったＤＤを、出資意思を持つ民間プレーヤーに開示し、実際に出資できる者が現れれば、政府側は出資を取りやめ、出資主体の座を彼らに譲る。

この手法を採用すると、政府は民業圧迫の回避や投資総額の削減が可能となり、さらに出資が失敗した場合に発生する国民負担を減じることができる。類似の手法は、米国の連邦破産法第１１章（チャプター１１）の手続きでも行われ、当て馬方式（ストーキング・ホース・ビッド）と呼ばれている。日本でも、筆者が担当したダイエー再建で、民間スポンサーを募る際に導入している。

政府出資を実行した際も、損失を回避しつつ早期に民間プレーヤーに還元することが健全な経済の発展につながる。そのためには出資の時点で、対象企業を公表することが望ましい。政府出資と企業名開示が呼び水となり、早期に民間プレーヤーに売却できる可能性が高まるからだ。

また、政府側は出資株式を長期保有すべきでない。出資先企業に対する政府出資機関の影響力が年々増し、これが職員の天下りの温床となる。民間プレーヤーから買収の関心が示されれば速やかに入札を行い、仮に出資後1年以内であっても損失回避を前提に民間プレーヤーに売却すべきだろう。

民間活力をそがないためにも、政府出資は時限的かつ必要最低限であることが望ましい。そして現在は企業再生の民間プレーヤーが十分に存在し、産業再生機構発足時と雲泥の差があることを政財官ともに認識する必要がある。

松岡真宏（まつおか・まさひろ）
1967年生まれ。90年東京大学経済学部卒業。野村総合研究所や現UBS証券などを経て、2003年産業再生機構入社。07年フロンティア・マネジメント設立。

融資膨張の先に待つ「不良債権地獄」の恐怖

「現実にはありえない金額だ」。ある大手地銀の幹部は、ふくおかフィナンシャルグループ（FG）の与信費用を見て、こう漏らした。

与信費用とは、不良債権の処理にかかる費用や、貸し倒れの発生に備えた引当金のこと。ふくおかFGは2019年度（20年3月期）決算で、福岡銀行、熊本銀行、親和銀行、十八銀行の傘下4行合わせて614億円もの与信費用を計上。これは、18年度の与信費用51億円に比べ10倍以上の金額だ。

他の大手地銀と比較しても、その大きさは際立っている。横浜銀行を傘下に持つコンコルディア・FGの与信費用は約245億円。ふくおかFGの貸出残高が約16兆円、コンコルディア・FGが約13兆円であることを考慮しても、ふくおかFGの与信費用がいかに大きいかがわかる。

これだけ大きな与信費用の計上に踏み切ったのは、将来のリスクを大きく見積もっているからだ。614億円のうち、418億円は「フォワードルッキング」と呼ばれる新しい基準の貸倒引当金だ。景気のよかった直近の低い倒産実績を基に引き当てるのではなく、将来、景気後退が起きた際にどの程度倒産が発生するかを織り込んだ「予防的」な引き当てのことだ。つまりふくおかFGは、これから倒産がまだまだ増えるとみている。

■ 2019年度に大規模な引き当てを実施
—ふくおかFGの与信費用推移—

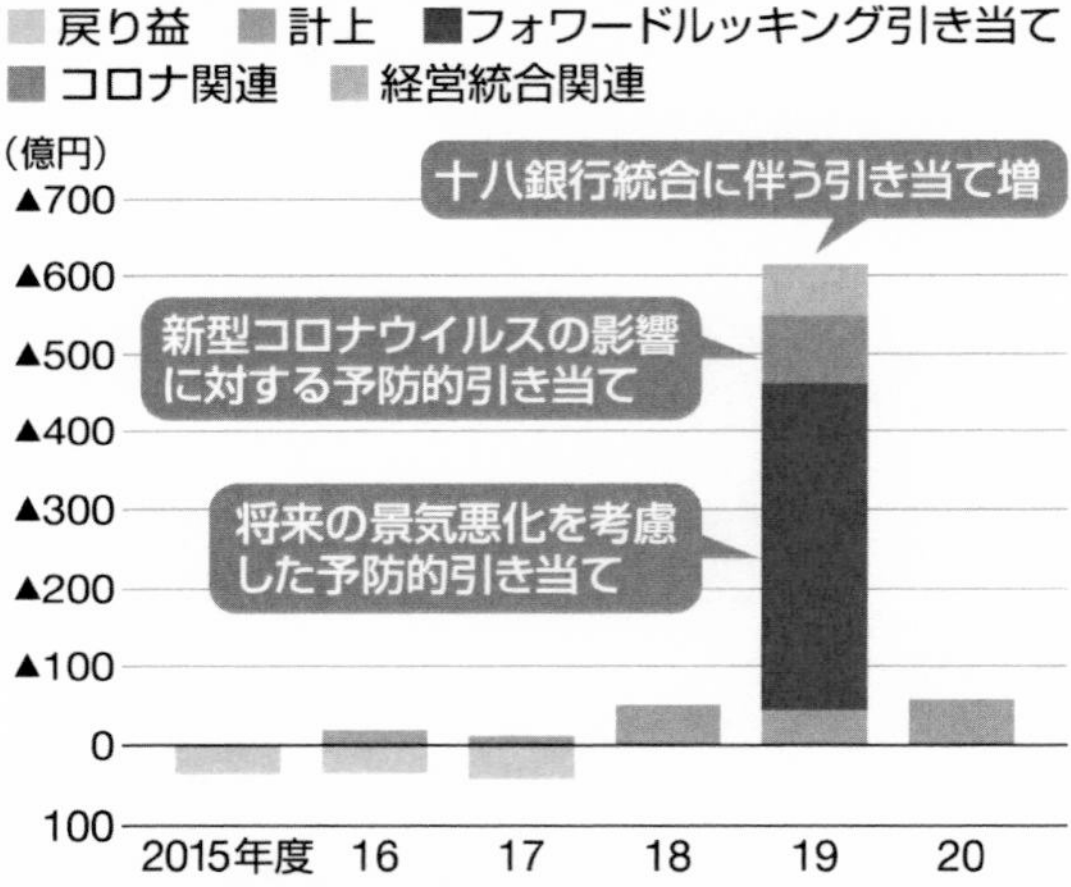

(注)2017年度までは福岡銀行、親和銀行、熊本銀行の3行合算、18年度以降は十八銀行を含めた4行合算
(出所)決算資料を基に東洋経済作成

確かに現時点では、国を挙げての「異次元融資」によって、コロナショックのダメージの割に倒産件数は多くない。そのため冒頭のように、地銀幹部が与信費用の額をいぶかるのも無理のない話だ。だがそれはあくまでも現時点での話。金融関係者たちは、そう遠くない将来、ふくおかFGの想定が現実のものになる可能性もあるとみているのだ。

今、足元の資金繰り問題を乗り越えられたとしても、需要が元に戻るわけではなく、時間の経過とともに体力のない企業は弱っていく。そんなとき第2波、第3波に襲われれば、力尽きる企業は少なくない。

さらにいえば、コロナ以前から構造的な問題を抱え、本来は市場から退場すべきだった「ゾンビ企業」たちが、甘い審査による融資や条件変更によって生き永らえている。国や銀行による支援があるうちはいいが、途絶えたときにはそれらの企業がばたばたと倒れていくだろう。

コロナ禍は経済をストップさせてしまいかねないほどのインパクトがあったため、緊急対応は必要だった。だが、緊急的な融資の結果として、銀行は将来の不良債権地獄という大きな時限爆弾を抱えてしまったのだ。

与信費用の急増

足元でも予防的な引き当てを行っているが、リーマンショック時と比べれば低水準。今後倒産が増えれば、相応の与信費用がのしかかる。

与信費用も急増 —第一地銀の与信費用推移—

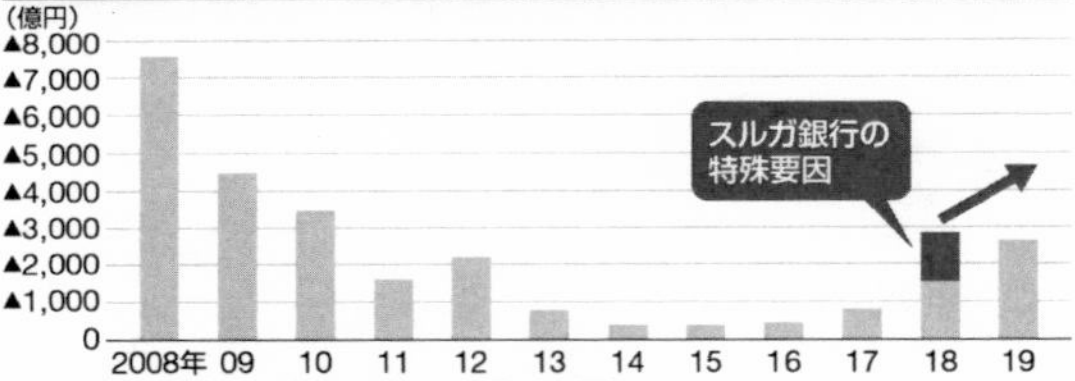

(出所)全国地方銀行協会「地方銀行の決算の状況」

3~5年後に不良債権化

では、爆弾はいつはじけるのか。大手地銀の営業担当者は、「3年後から5年後に不良債権化するリスクを感じながら融資をしている」と危機感を募らせる。「融資先は、飲食業や小売業が中心。客足はコロナ前の水準に戻らず、もって3年程度」(同)というのだ。

3年程度という理由はもう1つある。資金繰り支援の中心である日本政策金融公庫や民間金融機関による実質無利子融資の中身を見てみると、実質無利子となる期間は3年、元金返済の猶予据え置き期間は最大5年に設定されている。企業はこの期間内に事業を立て直し、返済できる体制を整えられなければ倒産の憂き目に遭ってしまう。

こうした状況に、ふくおかFGほどではないにしても危機感を強める地銀は少なくない。ただ、「引き当てを積みすぎると赤字に陥ってしまうためできない。本音ベースではもっと積んでおきたい」と大手地銀幹部は語る。

また中には、将来リスクに備えるどころか、足元の影響に対応する引き当てすら十分に積めていない地銀もある。

ある地銀の財務担当者は、「将来に備えた与信費用の計上を検討していたが、営業担当者から『自分たちは倒産させないように支えているのに、なぜそんなことをするのか』と反対されてできなかった」と明かす。

こうした現状に鑑みると、19年度決算で各地銀が積んでいる与信費用は十分ではなく、不良債権の増大次第では自己資本を毀損してしまう銀行が相次ぐ可能性も否定できない。

そうした事態に陥ったときに危うい地銀はどこなのか。ここから3つの指標であぶり出していくことにする。

【不良債権比率】

まず見ておきたいのは足元の不良債権比率だ。19年度はまだコロナ危機による倒産は多くなく、あくまで「平時」の数字。だが、それでも不良債権比率が高いとなれば、20年度以降はさらに悪化すると考えられ、危うい銀行だといえる。

不良債権比率ワーストランキング

順位	銀行名	不良債権比率（%）
1	スルガ銀行	13.90
2	南日本銀行	5.65
3	豊和銀行	4.10
4	高知銀行	3.86
5	福邦銀行	3.82
6	福岡中央銀行	3.58
7	東北銀行	3.36
8	島根銀行	3.03
9	神奈川銀行	2.92
10	東日本銀行	2.80
11	筑波銀行	2.72
12	仙台銀行	2.71
13	筑邦銀行	2.67
14	第三銀行	2.65
15	佐賀共栄銀行	2.56
16	大分銀行	2.52
17	富山第一銀行	2.49
18	大東銀行	2.44
〃	富山銀行	2.44
20	宮崎太陽銀行	2.43
21	琉球銀行	2.40
22	長野銀行	2.37
23	十八銀行	2.32
〃	きらぼし銀行	2.32
25	東和銀行	2.29
26	栃木銀行	2.28
27	熊本銀行	2.26
〃	阿波銀行	2.26
29	荘内銀行	2.25
30	四国銀行	2.19
31	鹿児島銀行	2.18
32	トマト銀行	2.16
〃	愛媛銀行	2.16
34	岩手銀行	2.12
35	北国銀行	2.11
36	七十七銀行	2.09
37	佐賀銀行	2.06
38	秋田銀行	2.05
39	紀陽銀行	2.01

（注）2020年3月末時点。総与信に対する金融再生法開示債権の割合。ランキング掲載の対象は不良債権比率2%以上の銀行
（出所）各社決算資料を基に東洋経済作成

ワースト1位となったのは静岡のスルガ銀行。19年5月に発覚したシェアハウス向けの不正融資の影響で、不良債権比率が高止まりしているためだ。ただ、これは特殊要因によるもので、対応する引き当てもすでに計上済みだ。

とはいえ安心してはいられない。スルガ銀行は借りやすさを売りに、他行よりも高い金利で住宅ローンや投資用不動産ローンを売りまくってきた。そのため、複数の金融関係者が、「高い金利でも融資を受けようという顧客層は、他で借りられないような人が多い」と指摘する。「コロナ危機で収入が減れば、そうした人たちの返済が延滞し、不良債権化する可能性が高い」とみられている。

続くワースト2位は鹿児島の南日本銀行。5・65%と3位以下に大きな差をつけている。財務担当者は「第二地銀ということもあり、気候などに左右される農業など、リスクの高い顧客への貸し出しが多いため」としている。

3位以下も大分の豊和銀行、高知銀行、福井の福邦銀行、福岡中央銀行と第二地銀が続く。「規模が小さいうえに、優良な融資先は第一地銀が囲い込んでいる。どうしてもリスクが高い顧客に貸さざるをえない。そのため不良債権比率が高くなってしまう」（第二地銀幹部）という事情があるためだ。

不良債権比率はメガバンクで1％台、地銀でも2％程度が平均とされており、それより高い銀行は来るべき「不良債権地獄」に備え、今から処理を進めておくべきだ。

【自己資本比率】

不良債権が増加し、貸し倒れが多発しても、銀行が直ちに経営不振に陥ることはない。自己資本が厚ければ、損失を吸収することができるからだ。逆に自己資本が薄い銀行は吸収できず、危険な状況に陥りかねない。

銀行には経営の安定性を重視する観点から、自己資本比率規制がある。海外拠点のない「国内基準行」は4％以上、海外拠点を持つ「国際基準行」は8％以上を求められている。

地銀の大半は海外拠点を持たない国内基準行だが、リーマンショック以降、健全性の目安として8％以上を求められることが多い。

その視点で19年度決算を見てみると、なんと15行が8％を切っている。さらに半分以上の66行が、前期よりも比率を下げている。

■自己資本比率ワーストランキング

順位	銀行名	自己資本比率（%）
1	筑邦銀行	7.20
2	島根銀行	7.35
3	みちのく銀行	7.41
4	福邦銀行	7.61
5	三重銀行	7.66
6	みなと銀行	7.67
7	大垣共立銀行	7.76
8	愛媛銀行	7.78
9	関西みらい銀行	7.81
〃	徳島大正銀行	7.81
11	東日本銀行	7.87
〃	西京銀行	7.87
13	福島銀行	7.89
14	但馬銀行	7.92
15	第三銀行	7.93
16	きらやか銀行	8.01
17	佐賀銀行	8.03
〃	沖縄海邦銀行	8.03
19	中京銀行	8.09
〃	トマト銀行	8.09

（注）2020年3月末時点
（出所）各社決算資料を基に東洋経済作成

当の地銀も危機感を持っており、経営統合など再編に動き出している。例えばワースト1位の福岡の筑邦銀行や2位の島根銀行、そして13位の福島銀行は、SBIホールディングスの出資を受け、彼らが打ち出す「第4のメガバンク構想」の下、経営再建を進めている。

周辺地銀同士で経営統合を進めたケースも少なくない。いずれも三重県にある5位の三重銀行と15位の第三銀行は、21年5月にも合併して「三十三銀行」になる見通しだ。

また、兵庫にある6位のみなと銀行と9位で大阪の関西みらい銀行は、関西みらいFG傘下に、9位の徳島大正銀行はトモニホールディングス傘下に、11位で東京に本店を置く東日本銀行はコンコルディア・FG傘下に入っている。

ただ、再編さえすればいいというわけではなく、コストを大幅に削減するなど統合効果を発揮できるかが勝負どころ。先行して統合費用がかかることも多く、資本の蓄積には時間がかかる。3~5年後に不良債権が増加するとすれば、残された時間は長くない。

【本業利益】

最後は収益力。稼ぐ力があり、利益をしっかりと出していれば、自己資本を蓄積することができるからだ。今回チェックするのは、金融庁が2016年に打ち出した「本業利益」という数字だ。

これは、貸出金利息による収益と手数料などによる役務取引等利益との合計から、営業経費を引いたもの。有価証券から得られる利益などを除いた「顧客向けサービス」のみの利益で、真の収益力を見るための指標だ。

本業利益ワーストランキング

順位	銀行名	本業利益（百万円）
1	山梨中央銀行	▲4,199
2	岩手銀行	▲3,706
3	南都銀行	▲3,702
4	十八銀行	▲3,300
5	京都銀行	▲3,271
6	秋田銀行	▲3,205
7	大垣共立銀行	▲3,185
8	長野銀行	▲2,652
9	富山第一銀行	▲2,637
10	青森銀行	▲2,426
11	荘内銀行	▲2,022
12	筑波銀行	▲1,907
13	愛知銀行	▲1,796
14	福井銀行	▲1,769
15	中京銀行	▲1,742
16	第四銀行	▲1,546
17	北越銀行	▲1,540
18	百十四銀行	▲1,461
19	大光銀行	▲1,321
20	富山銀行	▲1,320
21	北都銀行	▲1,254
22	福邦銀行	▲1,118
23	北日本銀行	▲1,109
24	島根銀行	▲1,107
25	高知銀行	▲976
26	八十二銀行	▲729
27	筑邦銀行	▲727
28	七十七銀行	▲480
29	親和銀行	▲474
30	三重銀行	▲383
31	仙台銀行	▲343
32	四国銀行	▲224
33	長崎銀行	▲208
34	清水銀行	▲183
35	大東銀行	▲168
36	宮崎太陽銀行	▲131
37	山形銀行	▲45
38	大分銀行	▲35
39	東京スター銀行	▲32

（注）本業利益＝貸出残高（末残）×預貸金利回り差＋役務取引等利益－営業経費。数値は2020年3月期。▲はマイナス。ランキング掲載の対象は本業利益がマイナスの銀行

（出所）各社決算資料を基に東洋経済作成

2019年度決算では、39もの地銀が本業利益で赤字に陥り、ワースト2位の岩手銀行のように、経費率が80％を超える「低効率」な銀行が顔をそろえる。意外にも、1位山梨中央銀行や5位京都銀行といった、いわゆる優良地銀も上位にランクインしている。経営が安定的なのは有価証券運用の規模が大きいためで、その運用益に支えられている。しかし「コロナ後の世界を展望すると、有価証券運用に頼るのは危険」（金融関係者）で、早期にビジネスモデルの転換を図る必要があるだろう。

そもそも地銀はリスクを嫌うため、国債や社債など安定資産の運用が中心だ。しかし、日本国債は言わずもがなだが、米国債までも超低金利政策で金利が下がっている。運用難の状況はコロナ後も続きそうで、収益源として期待するのは難しそうだ。

持ち合いなどで保有する株式の配当収入についても、経済活動が停滞する中で企業業績は悪化の一途をたどっており減少は必至。それどころか、株価が大幅に下落すれば、保有株式の減損を強いられる可能性まである。

こうして見ていくと、やはり本業利益を伸ばしていかざるをえないが、残された選択肢は意外にも少ない。というのも、貸出金の利回りに下げ止まり感は出てきているものの反転は見込めず、貸し出しで収益を伸ばすのは依然困難な状況だからだ。

だとすれば、手数料収益を伸ばすとともに、経費を削減するしかない。すでに奈良の南都銀行のように痛みを伴う改革に踏み切っている銀行もある。137ある店舗のうち30店を削減。店舗の減損損失も計上した。しかしこれも緒に就いたばかりで地銀全体への広がりは道半ばだ。

新型コロナによって地銀を取り巻く環境は激変しており、対応を急がなければ生き残ることは難しい。


（藤原宏成）

コロナで号砲　再編に走る第二地銀

東日本に本店を構えるある第二地方銀行の幹部は、コロナ禍で世間が混乱していた2０年6月初旬、在宅勤務中の自宅のパソコンで、あるデータを見つめていた。

自行はもちろん、周辺地銀の業績推移をはじめとする財務情報がびっしり詰まったデータだ。この幹部は、コロナ禍の長期化で不良債権が増加して自己資本を毀損した場合、どう動くべきかについてシミュレーションしていたのだ。

政府は、地域経済を支える地銀が機能不全に陥る事態を防ぐため、金融機能強化法を改正。経営責任や収益目標を求めないほか、15年以内とされる返済期限を設けないといった〝餌〟をぶら下げ、公的資金を注入しやすくした。

だが、かつて注入された際、金融庁から箸の上げ下ろしまで細かく指導された経験から、地銀関係者の間ではアレルギーが強く、「できれば避けたい」（地銀幹部）というのが正直なところだ。

とはいってもマイナス金利でトップラインの伸びは期待できないし、経費率も高止まりしている。そこにコロナ禍が加わり、「再編によって、店舗やＡＴＭ（現金自動出入機）といったコスト要因を削減するしか生き残る道は残されていない」と考えたのだ。

3年後に再編時代到来か

そんな折、独占禁止法の特例法が成立した。これまで認可のハードルが高かった同一県内地銀同士の経営統合が、１０年間の時限措置ながらより柔軟に認められることになったのだ。「同じ県内も含めて再編できないか、またどういう組み合わせがあるか慎重に検討していく」と前述の幹部は語った。

少子高齢化に伴うマーケットの縮小や、低金利政策の長期化によって稼げなくなり、地銀をめぐる環境は厳しさを増している。

例えば一般的に健全行と見なされる「自己資本比率8％」を下回る地銀は、7・20％の筑邦銀行や7・35％の島根銀行をはじめ、地銀102行中、実に15行に上る。また、みちのく銀行や島根銀行、長崎銀行などは、経費が粗利を超える（＝経費率が100％超）という異常事態に陥っている。

地元の〝殿様〟だったこともあり再編に及び腰だった地銀も、こうした状況では、さすがに重い腰を上げざるをえなくなった。

最近の例でいえば、青森銀行とみちのく銀行、そして福井銀行と福邦銀行が、道一県内地銀同士で包括業務提携を結んでいる。

福島銀行、島根銀行、筑邦銀行、清水銀行の4行が異業種であるネット証券大手SBIホールディングスと資本業務提携を結んでいる。

「第二地銀を中心にまだまだ厳しい銀行は少なくない。今後もこうした動きは加速するだろう」（金融関係者）とみられている。

ただ、これらの動きはあくまでも「序章」にすぎない。

「新型コロナウイルスのインパクトは大きく、企業倒産などが増える3～5年後に本格的な地銀再編が起きる」

関東の地銀幹部は、このように地銀再編時代の到来を予想する。

「第二地銀の再編は弱者救済色が強く、大勢に影響はない。インパクトが大きいのは、次代への生き残りを懸けた第一地銀の再編だ」（同地銀幹部）

中でも注目されるのは、全国で最も再編が進んでいる九州地方だ。すでに福岡銀行が親和銀行、十八銀行、熊本銀行の3行を傘下に入れ、「ふくおかフィナンシャルグループ（FG）」を形成している。それに対抗する形で肥後銀行と鹿児島銀行が組み「九州フィナンシャルグループ（FG）」が2015年に誕生した。

「残る主要行は大分銀行と宮崎銀行。両行とも単独では厳しい。宮崎は南九州に位置しているため、九州FG入りするしかないだろう」と九州の地銀幹部はみる。

そのうえで、「問題は大分だ。市場的には九州北部のほうが肥沃だが、個性が強い西日本シティ銀行と組むことができるのか。のみ込まれるのを恐れれば、互いに張り合って融和できていない九州ＦＧの中で存在感を出すという選択肢が出てくるだろう」と予想する。

「ほかの地域に比べて九州には有望な産業があり、新型コロナが落ち着けば資金需要は復活する。そのときに備えて強固な金融グループを形成しておこうというムードがあり、再編が活発化する」と複数の金融関係者は指摘する。

■大分、宮崎銀行の行方に注目 —九州圏の銀行MAP—

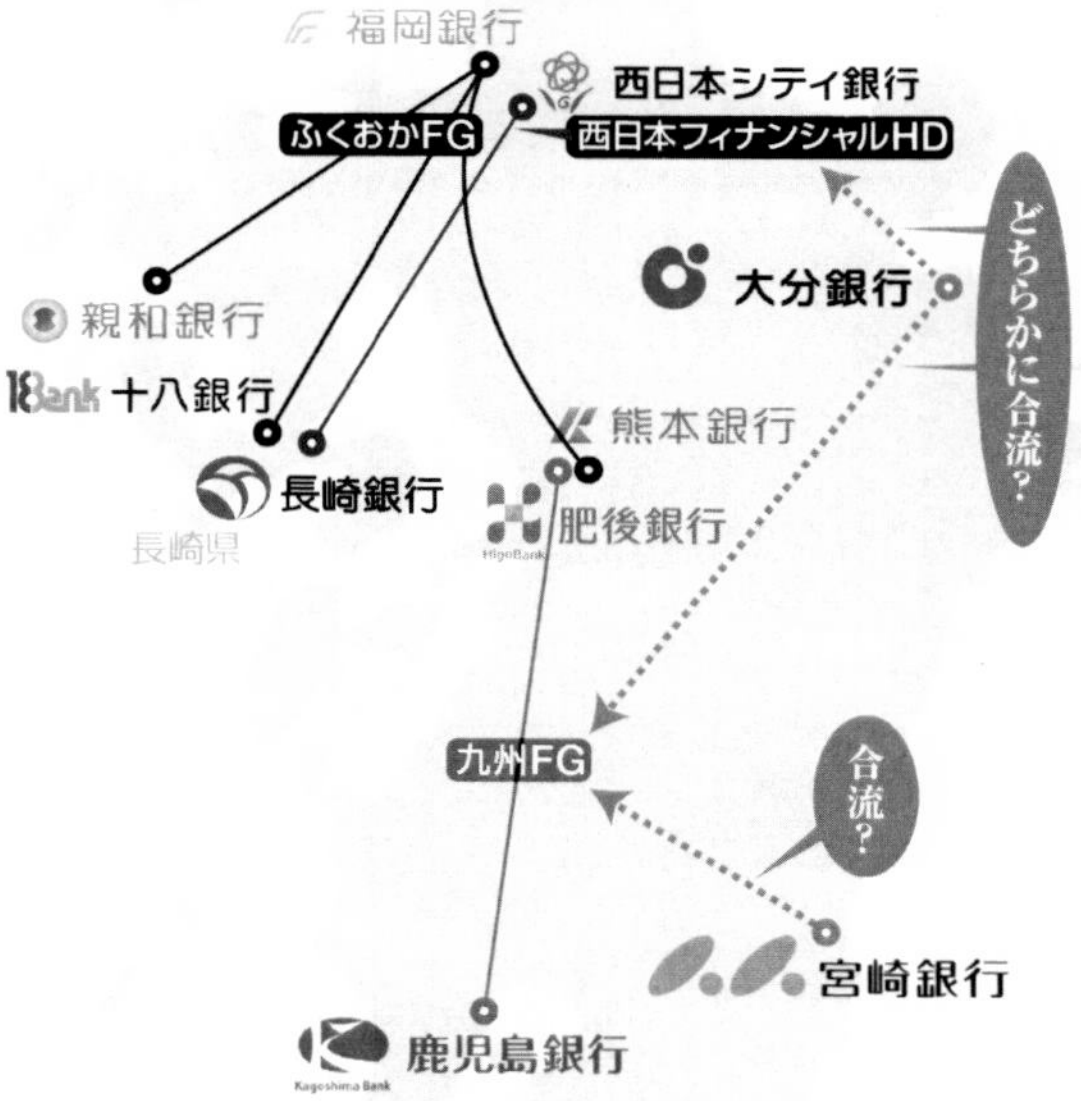

(注)FGはフィナンシャルグループ、HDはホールディングスの略

一方、2019年7月に横浜銀行と千葉銀行が業務提携を行い、「有力地銀同士が手を組むなんて」と地銀関係者を驚かせた関東地方も、再編機運が高まっている。

以前は、東京を取り囲む地銀同士が手を組む「関東地銀構想」が浮上したこともあったが、各行の思惑が優先し構想はついえた。

しかし常陽銀行と足利銀行が経営統合して「めぶきフィナンシャルグループ(FG)」が誕生、さらに横浜と千葉が手を組んだことで、「今後、取り残されたくない群馬銀行が動くのではないか」とみられている。

地銀関係者の間でささやかれているのが、「横浜・千葉連合に群馬銀行が合流する」という見立てだ。「マーケット的にもめぶきFGは成長に限界がある。アフターコロナの成長を考えたら東京に近い横浜・千葉連合しかない」(関東の地銀幹部)というわけだ。

ただ、多額の開発費用がかかる勘定系など、基幹システムのベンダーが異なるため、合流は容易ではないとの見方も根強い。

それでも「顧客分析システムでは、横浜銀行などがNTTと共同開発したシステムに参加しており、関係はある。基幹システムの更新時期に合わせて群馬銀行が合流することは十分ありうる」（地銀関係者）という。

こうした動きが本格化すれば、これまで動こうとしなかった東北地方の地銀も、再編に向かわざるをえなくなるだろう。

（田島靖久）

■ 群馬銀行が動くか
―関東圏の銀行MAP―

(注)FGはフィナンシャルグループの略

金融庁が〝宗旨変え〟で接近

SBIは地銀の救世主か

「筆頭株主になったのにあいさつにも来ない。このままあいさつがなかったら次の株主総会で全役員に反対票を投じる」

２０年６月２６日に開いた経営戦略説明会で、ＳＢＩホールディングス（ＨＤ）の北尾吉孝社長は不快感をあらわにした。

５月２９日に傘下のＳＢＩ証券が、大東銀行（福島県）の株式を議決権比率にして約１７％分買い付けたと発表したにもかかわらず、なんら反応がなかったからだ。

大東銀行は６月２５日時点でも「株式取得の経緯について、当行は承知しておりません」と回答。ＳＢＩの関連会社に出資したことはあるものの、「新たな業務提携等は検討・協議も含め、まったく行っておりません」とそっけない。

大東銀行が態度を硬化させるのにはある理由がある。北尾氏がぶち上げた「地銀連合構想」によって、「無理やり、再編に追い込まれるのではないか」との危機感があるからだ。

北尾氏は目下、地方銀行をめぐる2つの構想を進める。1つ目は6月に新たに発表した「地方創生パートナーズ」だ。システムの共同利用や、地方創生に資するノウハウの共有、ベンチャー企業への出資などが主な目的だ。

もう1つが「第4のメガバンク」構想。苦境にあえぐ島根銀行、福島銀行、筑邦銀行、清水銀行の「限界地銀」4行との資本業務提携だ。今後は100％子会社「SBI地銀ホールディングス」に4地銀の株式を移管し、運用やコスト削減などを集中的に支援する。最終的に10行程度のグループにしたい考えだ。

大東銀行のニュースが流れるや否や、地銀界からは「この第4のメガバンク構想の一環か」との声が上がり、「同じ福島県の福島銀と統合させるのではないか」との観測が流れた。これを大東銀行が警戒したというわけだ。

互いへの不信感は高まる一方だ。これまでのようにSBIと地銀側が事前に合意したうえで取得したわけではなさそうだからだ。

事実、北尾氏は今回の買い付けについて「第三者から依頼を受けて行ったものだ」と繰り返し強調。大量保有報告書に記載されている保有目的も「純投資」のままだ。

金融庁OBが続々天下り

ではいったい誰がSBIによる大東銀行株の取得を後押ししたのか。事情に詳しい関係者は「金融庁の影がチラつく」と明かす。

そもそもSBIと金融庁は犬猿の仲だった。金融庁や証券取引等監視委員会が傘下のSBI証券に対して繰り返し行政処分を行ってきたからだ。にもかかわらず、「最近、金融庁がSBIにすり寄っている」と複数の金融関係者が指摘する。ここ数年、金融庁の要職経験者が相次いでSBIの主要ポストに着任しているためだ。

金融庁の審議官を務めた乙部辰良氏は、2016年に関係会社の顧問に就任した後、18年にSBIインシュアランスグループ会長兼社長に就任。17年には元長官の五味廣文氏がSBIHDの社外取締役（19年退任）に就いた。18年には元総括審議官の小野尚氏がSBIHDの顧問となり、現在はSBI生命保険の社長になっている。

そして地方創生パートナーズの事務局長には、元銀行第二課長の長谷川靖氏が就く予定。ちなみに五味氏は、SBIが出資する福島銀行の社外取締役に就いている。

また複数の大手地銀に対し、地方創生パートナーズに出資するよう、水面下で金融庁から打診があったとの話もある。

事情に詳しい銀行関係者には、「金融庁主導による地銀再編がうまく進まない中で、SBIが第4のメガバンク構想で限界地銀をまとめ上げた。これを渡りに船と金融庁の態度が変化したのではないか」と指摘する。SBIにとっても、金融庁の威を借りるのは好都合。SBIにアレルギーがある地銀も構想に乗りやすくなるし、参加行が増えれば運用する各種ファンドへの出資を増やして運用手数料を稼ぐこともできるからだ。

大東銀行の株取得に関しても「金融庁が後押ししたのではないか。だから北尾氏はあそこまで強気になれるのだろう」（地銀関係者）との見方がもっぱらで、「独禁法の例外規定を使いたい金融庁の思惑もあり、同一県内での再編もありうる話だ」（同）という。

北尾氏が進める地銀連合構想に対し、当初、地銀界は冷ややかだった。しかし、バックに金融庁がいるとなれば無視するわけにもいかなくなるだろう。


（梅垣勇人）

「私から大東銀に声をかけることはない」

ＳＢＩホールディングス社長・北尾吉孝

われわれはこれまでの3、4年間で地方の金融機関の強化を一生懸命やってきたが、これだけでは地方創生はできないことに気がついた。

地方に工場を建てたり、ベンチャー企業を育成して産業を育てたりと、雇用を生み出さなければならない。地方公共団体との協力や、地方の人々のＩＴリテラシーを高めるといったことも必要だ。

そのために地方創生パートナーズを立ち上げる。アドバイザーや顧問として外部の専門家をたくさん受け入れつつ、まずは出資する5社でしっかりと方針を固めて取り組んでいきたい。ウチが過半を出資し、私が代表を務めるが、代表は各社順繰りにしたい。

コロナ禍は地方創生を唱える絶好のタイミングだ。大都市一極集中が見直され、分散型社会の時代が来るからだ。例えば、テレワークでは従業員の仕事ぶりをどう管理するかが課題ではあるが、自宅での業務が普及すれば、手狭な都心よりも、土地に余裕のある地方の価値が高まる。

一方、第4のメガバンク構想はSBI単独でやっていく。提携する銀行には単なる運用やコスト削減の支援を行うだけではなく、地方の企業に対する民事再生や事業承継の手伝いなどSBIが持つ幅広いノウハウを供給する。

地銀の経営環境は短期、中期、長期のいずれでみても改善の余地がほとんどない。相手の規模に関係なく、向こうから要望があれば受け入れる。

ただし、大東銀行はこれまでの提携とは毛色が違う案件だ。いろんなところから「何とかしてほしい」と頼まれて、ウチが助っ人的に株を持つことになった。

大東銀行とは今後話をしていくつもりだが、ウチが大株主になった以上は私から声をかけることはない。向こうから訪れるのであれば、将来の福島のためにもどうするのか考えていきたい。

地方の金融機関との提携はＳＢＩにとってもプラスになる。例えばＳＢＩ証券についていえば、地銀との提携で地方の法人顧客は急激に増えているし、ＳＢＩマネープラザという地銀との共同店舗や金融商品仲介を通じて個人の顧客も確実につかんでいる。「公益は私益につながる」と私がよく言うのは、そういう意味だ。

これからは「オープンアライアンス」の時代だ。ＳＢＩの持っている銀行や証券の機能をアンバンドリング（切り離し）して、いろんなところに提供する。直近ではＪＡＬ（日本航空）とも提携をスタートした。今後もどんどん増やしていく。

北尾吉孝（きたお・よしたか）
１９５１年生まれ。７４年慶応大学経済学部卒業後、野村証券入社。９２年野村証券事業法人三部長、９５年ソフトバンク常務などを経て、９９年ソフトバンク・インベストメント（現ＳＢＩＨＤ）社長兼ＣＥＯに。

エピローグ

銀行は本当に変われるか

「あんな時代はもう二度と経験したくないが、このままいけば数年後、悪夢がよみがえってしまうかもしれない」

温和で笑顔を絶やさない男性の表情が、このときだけは険しくなり、ため息をついたまま黙りこくってしまった。

この男性は1980年代後半に大手銀行に入行、営業はもちろん、融資、審査、企業再生など幅広い業務に当たった後、役員にまで昇進した人物だ。

入行当時は日本中が不動産投資ブームに沸き立ち、バブルのうたげに酔いしれていた。89年には日経平均株価が史上最高値の3万8915円をつけ、市中にはマネーがあふれていた。融資案件も容易に獲得でき、銀行マンとしてのスタートは順風満帆だったという。

しかし、旧大蔵省の銀行局長が全国の金融機関に発した1通の通達で暗転する。不動産融資総量規制――。異常ともいうべき投機熱を冷ますため、土地取引に流れる融資の伸びを抑える狙いがあった。

効果はてきめん、不動産向け融資の蛇口が閉められたことで、建設や不動産の取引が収縮。地価の下落が始まった。日銀による急激な金融引き締めも〝劇薬〟となり、バブル崩壊のきっかけを生む。

このときから男性の金融人生も一転する。「『貸しまくれ』から、『貸すな』『返せ』に変わっていった」のだ。「銀行は弱者いじめをするのか」と社会的に批判を浴びながらも、「貸し渋り」や「貸し剥がし」に邁進した。

だが、「これはまだ序章だった」と男性は振り返る。不良債権の処理が遅々として進まない中で金融システム不安に火がつき、北海道拓殖銀行や日本長期信用銀行などが相次いで破綻。顧客のことになど構っていられず、銀行は自分自身の身を守ることで精いっぱいになっていく。

「新規融資などとんでもない話。ひたすら不良債権の処理と融資の回収に走り回る日々だった。融資先の許可など得ず、不良債権をまとめて〝ハゲタカ〟たちにさばきまくった」

それで終わりではなかった。金融担当相に就任した竹中平蔵氏が銀行の前に立ちはだかり、不良債権の最終処理を迫ったのだ。

その過程で、ダイエーやカネボウといった大口融資先が相次いで経営破綻。銀行自身の自己資本も毀損し、結果、大手行を中心に集約に動かざるをえないところまで追い込まれていった。

景気後退と同時に貸し出しも絞ってきた

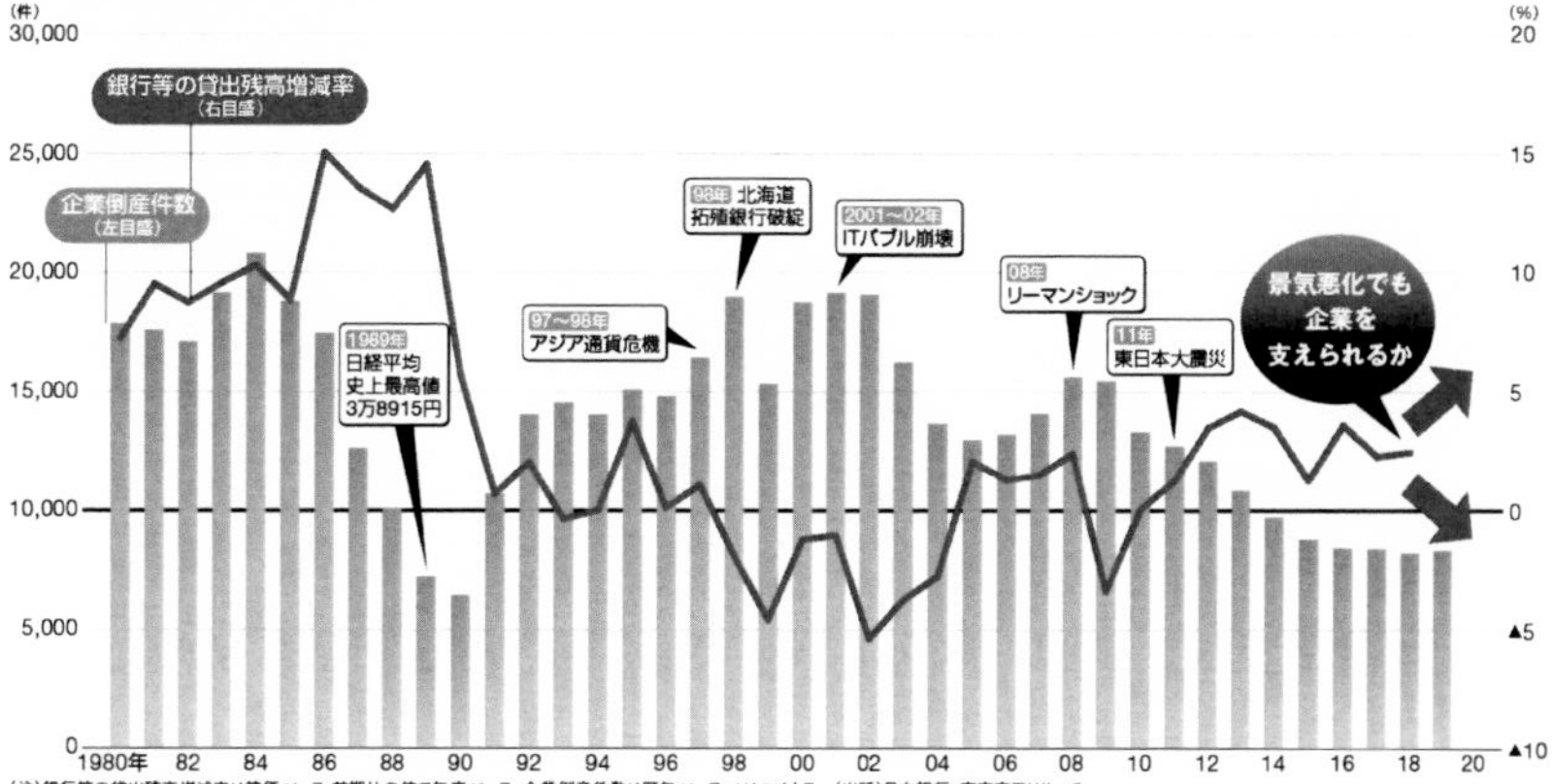

（注）銀行等の貸出残高増減率は簿価ベース・前期比の値で年度ベース。企業倒産件数は暦年ベース。▲はマイナス　（出所）日本銀行、東京商工リサーチ

信頼を取り戻すチャンス

自分自身の銀行マン人生をこのように振り返ったうえで、「いつも銀行は、顧客のことよりも自分たちのことを優先させてきた」と反省の弁を述べた。その結果、「顧客からの信用を失ってしまった。その責任の一端は私にもある」とし、冒頭で紹介したように黙りこくってしまったのだ。

しばらく思いにふけった後、男性は「でもね」と言って、こう続けた。

「新型コロナウイルス感染拡大はとんでもない出来事。しかし、もしかしたら銀行が失った信用を取り戻すチャンスをもらったのではないかと思うときがある」

これまで見てきたように、コロナ禍によって多くの企業が苦境に陥り、収束も見通せず不安な日々を過ごしている。そうした企業に傘を貸し、復活に向かって融資先に寄り添いながら汗をかけば、信用を取り戻すことができるかもしれないというのだ。

ただバブル崩壊以降、長年企業再建に携わった経験から、一抹の不安を抱えているという。

「バブル崩壊後、自分の身を守るために自己資本を維持したいと考えた銀行が、不良債権の処理を先送りしたことが、『失われた20年』に突入するきっかけになった。今回のコロナ禍でも同じようなことにならなければいいのだが……」と言うのだ。

国ぐるみの緊急対応だったとはいえ、膨大な資金繰り支援を実施したことで、市場から退場させるべき〝ゾンビ企業〟をも生かしてしまった。その結果、銀行は未来の不良債権という〝時限爆弾〟を抱えていることはすでに述べた。こうした企業の処理を先送りすることなく、しっかりと行わなければ、「いつか来た道」に戻りかねないというわけだ。

幸いバブル崩壊後とは違って、銀行は自己資本を積んで、不良債権処理を実施しても経営が揺らがない財務基盤を築いている。

そうであるならば、昔のように先送りせずしっかりと処理を進めるとともに、再生の可能性が高い企業についてはこれまで培ったノウハウを駆使して再生を図る——。そうすることによって、「コロナ禍という難局を乗り切り、日本経済の早期復活に寄与すべきだ」と男性は力強く訴えた。

銀行は本当に変われるのか。この問いの答えは、男性の一言に尽きるのではないだろうか。

（田島靖久）

【週刊東洋経済】

本書は、東洋経済新報社『週刊東洋経済』2020年7月11日号より抜粋、加筆修正のうえ制作しています。この記事が完全収録された底本をはじめ、雑誌バックナンバーは小社ホームページからもお求めいただけます。

小社では、『週刊東洋経済eビジネス新書』シリーズをはじめ、このほかにも多数の電子書籍ラインナップをそろえております。ぜひストアにて「東洋経済」で検索してみてください。

『週刊東洋経済eビジネス新書』シリーズ

No.323　相続の最新ルール

No.324　お墓とお寺のイロハ

No.325　マネー殺到！　期待のベンチャー

No.326　かんぽの闇　保険・投信の落とし穴

No.327　中国　危うい超大国

No.328　子どもの命を守る
No.329　読解力を鍛える
No.330　決算書&ファイナンス入門
No.331　介護大全
No.332　ビジネスに効く健康法
No.333　新幹線 vs. エアライン
No.334　日本史における天皇
No.335　EC覇権バトル
No.336　検証! NHKの正体
No.337　強い理系大学
No.338　世界史&宗教のツボ
No.339　MARCH大解剖
No.340　病院が壊れる
No.341　就職氷河期を救え!

No.342　衝撃！　住めない街
No.343　クスリの罠・医療の闇
No.344　船・港　海の経済学
No.345　資産運用マニュアル
No.346　マンションのリアル
No.347　三菱今昔　150年目の名門財閥
No.348　民法&労働法　大改正
No.349　アクティビスト　牙むく株主
No.350　名門大学　シン・序列
No.351　電機の試練
No.352　コロナ時代の不動産

週刊東洋経済eビジネス新書　No.353
変わり始めた銀行

【本誌（底本）】
編集局　田島靖久、藤原宏成、野中大樹、梅垣勇人
デザイン　池田　梢、藤本麻衣、小林由依
進行管理　三隅多香子
発行日　2020年7月11日

【電子版】
編集制作　塚田由紀夫、長谷川　隆
デザイン　市川和代
表紙写真　梅谷秀司
制作協力　丸井工文社

発行日　2021年1月18日　Ver.1
発行所　〒103-8345
東京都中央区日本橋本石町1-2-1
東洋経済新報社
電話　東洋経済コールセンター
03（6386）1040
https://toyokeizai.net/
発行人　駒橋憲一

電子書籍化に際しては、仕様上の都合などにより適宜編集を加えています。登場人物に関する情報、価格、為替レートなどは、特に記載のない限り底本編集当時のものです。一部の漢字を簡易慣用字体やかなで表記している場合があります。本書は縦書きでレイアウトしています。ご覧になる機種により表示に差が生じることがあります。

※本刊行物は、電子書籍版に基づいてプリントオンデマンド版として作成されたものです。